國家古籍整理出版專項經費資助項目

李贄全集續編

張建業 主編

附録

荔鏡記
李温陵外紀

荔鏡記 鄭國權 整理 錢浩 校訂
李温陵外紀 〔明〕潘曾紘 輯 張建業 整理 韓喬治 校訂

首都師範大學出版社

圖書在版編目(CIP)數據

李贄全集續編．附録：荔鏡記/李温陵外紀/(明)李贄著；潘曾紘輯；鄭國權，張建業整理、主編．—北京：首都師範大學出版社，2019.10

ISBN 978-7-5656-5178-6

Ⅰ.①李… Ⅱ.①李… ②潘… ③鄭… ④張… Ⅲ.①李贄(1527-1602)—文集 Ⅳ.①B248.915-53

中國版本圖書館 CIP 數據核字(2019)第 164258 號

李贄全集續編/張建業 主編

附録:荔鏡記/李温陵外紀

荔鏡記 鄭國權 整理 錢 浩 校訂

李温陵外紀 [明]潘曾紘 輯 張建業 整理 韓喬治 校訂

項目統籌 楊林玉　　責任編輯 錢 浩 韓喬治

責任印製 李春雷　　封面設計 王征發

首都師範大學出版社出版發行

地　址 北京西三環北路 105 號

郵　編 100048

電　話 68418523(總編室) 68982468(發行部)

網　址 http://cnupn.cnu.edu.cn

印　刷 中煤(北京)印務有限公司

經　銷 全國新華書店

版　次 2019 年 10 第 1 版

印　次 2019 年 10 月第 1 次印刷

開　本 710mm×1000mm 1/16

印　張 14

字　數 182 千

定　價 68.00 元

目録

荔鏡記

李温陵外紀

李温陵外紀卷之四 …… 一七七

李温陵外紀卷之五……一九九

荔鏡記

前言

《荔鏡記》是泉州乃至福建省迄今所見最早刊刻的戲文，是梨園戲《陳三五娘》在明代的刊本，又是中國「早期罕見的方言文學」。它由建陽新安堂於明代嘉靖丙寅（一五六六年）刊印發行，距今四百四十五年。那麼，這部古籍是怎樣誕生的，又是在何時何地被發現的，其著作者又是何方人氏？這都是引人關注的問題。

首先是著作者是誰的問題。長期以來，傳説紛紜，但過去比較集中的看法，都以爲是李贄所作。李贄號卓吾，是泉州先賢，自然懂得以泉州方言寫戲，而且他著述甚豐，其中又有批評《西厢記》、《琵琶記》等多部戲文的「眉批」，足見他對戲曲大有研究。尤其是他於嘉靖丙寅前六年（一五六〇年）回泉州奔喪，守制在家三年，所以有時間寫戲。

李贄作《荔鏡記》之説，已爲學術界多位人士所採信。林海權先生著《李贄年譜考略》（下簡稱《考略》）（福建人民出版社，一九九二年十一月版）頁四四—四五云：

嘉靖四十一年壬戌（一五六二）　　三十六歲

作《荔枝記》。《荔枝記》描寫泉州才子陳伯卿（即陳三）與潮州才女黄碧琚（即五娘）要求婚姻自由的故事。……陳三五娘最初是民間傳説，明永樂年間以小説本《荔鏡記》問世，清代收入《奇逢集傳奇》。劇本最早刊本叫《荔枝記》，後改《荔鏡記》。解放後改編爲《陳三五娘》。證見後。

秋間，服滿，攜眷入京求職。

同書頁四六【詩文編年】題下，又有一段文字，叙述李贄作《荔鏡記》的具體過程：

《荔枝傳》或稱《荔鏡記》：以男女婚姻自由爲題材的戲本，據傳是李贄回泉時所作。李禧《夢梅花館詩鈔》載：「『卓吾』歸，燃巨燭撰稿，堂上書胥二，堂下工匠十，每脱一稿，即謄清發刻、印刷，書成天未曉。」

明崇禎年間，江蘇吴江著名度曲家沈寵綏著《度曲須知》，尊崇李贄爲「詞學先賢」，名列於有周德清、關漢卿、湯顯祖、徐渭等人名字的「詞學先賢姓氏」之中。（見沈寵綏《度曲須知》卷首）足見李贄在「詞學」（即曲學）中的地位。

清末泉人龔顯鴻（按：鴻應爲鶴）詩：「沿村荔鏡流傳遍，誰識泉南李卓吾。」《紅蘭館詩鈔》作者蘇大山詩：「奇文一卷卓吾血，别寫閒情寄嶺南。顧曲何人能細説，沿江負鼓説陳三。」（參見泗濤《李贄遺聞選輯》一文，載《泉州文史》第十七、十八期合刊，一九七四年十月）

以上引文，有兩處需要先訂正的是：一、《考略》稱「明永樂年間以小説本《荔鏡記》問世。」其書名《荔鏡記》有誤，應爲《荔鏡傳》（又名《奇逢集》，後文詳述）。二、《考略》稱「劇本最早刊本叫《荔枝記》，後改《荔鏡記》。解放後改編爲《陳三五娘》。」這裏也有誤。劇本最早刊本是《荔鏡記》，是根據潮泉二部演出本《荔枝記》合編的。而《荔枝記》的最早刊本則是其後的潮州明代萬曆本及泉州清代順治本以至後來的道光本、光緒本。新中國成立後至一九五九年，泉州戲劇界尚不知有本《荔鏡記》。福建省梨園戲實驗劇團是根據老藝人蔡尤本口述記録本《陳三》壓縮整理的，而非由《荔鏡記》改編。

此外，在長期的「民間傳説」中（如今又見於網上）還説李贄正苦於筆下的五娘被林大迫娶無計可施之時，他的女兒爲他想出一個好點子——私奔，竟然被他一脚踢死。

今天看來，以上的「傳説」或「考略」，都與事實相去甚遠。最基本的原因，可能是傳説者或「考略」者，都未能見到明嘉靖原刊本《荔鏡記》的真面目。

那麽，這部《荔鏡記》當時收藏在哪裏？應該説，在五十年前，這部戲文在中國大地上蕩然無存。及至一九五六年，歐陽予倩、梅蘭芳訪問日本，日本天理大學圖書館贈送他們一套書影，就是這部《荔鏡記》！這部名副其實的海外孤本，流落异國他鄉數百年，國内無人知曉。歐陽予倩、梅蘭芳回來後由中國藝術研究院復製幾部，泉州購得一部，後來不幸在「文革」中毁壞。一九八五年，廣東人民出版社出版了《明本潮州戲文五種》一書，把這部《荔鏡記》復製本收入其中，列爲「潮州戲文」。泉州文化界對此知之甚少，不然一定要問：《荔鏡記》若是李贄所作，怎麽會變成「潮州戲文」？

一九九五—二〇〇〇年間，我們在編纂《泉州傳統戲曲叢書》時，從臺灣師友處獲得一部「天理本」《荔鏡記》複印件，又得悉龍彼得先生在任教的英國牛津大學圖書館，也發現同版本的另一部。從此我們讀了這部難得一見的復製件，才知道廣東人民出版社之所以稱《荔鏡記》爲「潮州戲文」，原來事出有因。特别是讀了《荔鏡記》最後一頁幾行類似「跋」或「告白」的文字，才真相大白。白紙黑字，赫然在目：

重刊荔鏡記戲文，計有一百五葉。因前本荔枝記字多差訛，曲文減少。今將潮泉二部，增入顏臣、勾欄、詩詞、北曲，校正重刊，以便騷人墨客閑中一覽，名曰荔鏡記。買者須認本堂余氏新安云耳。

嘉靖丙寅年

原刊本這段無標點繁體字的「告白」（見《荔鏡記荔枝記四種》第一種頁二四〇）説明：《荔鏡記》是將潮州、泉州二部「字多差訛，曲文減少」的《荔枝記》演出本「校正重刊」的戲文，而不是某個人首創的作品。也就是説，《荔鏡記》是潮州、泉州各有一本《荔枝記》作爲底本的合編本，是作爲讀本而非演出本推向市場的。

人們可以用當今的「版權意識」來大膽懷疑：新安堂老闆也許爲了侵吞李贄的作品，所以耍個掩耳盜鈴的「告白」，説是合編坊間殘缺的戲文，從而避開版權歸屬和支付稿酬問題，以圖名利雙收。但細讀了《荔鏡記》以後，這種猜疑便可釋然。因爲《荔鏡記》字裏行間，既有泉州方言，又有潮州俗語。而且錯别字和生造字比比皆是。這怎可能是二十六歲中舉的「温陵李生」的筆下華章？唯一可作解釋是，「告白」可信，《荔鏡記》確實是坊間「新安堂余氏」的「合編本」，而非個人作品。

人們還可以進一步發問：合編的底本既然是「潮泉二部」《荔枝記》，那麽泉州那一部《荔枝記》的作者又是誰呢，會不會就是李贄？答案是：新安堂及其底本早已灰飛煙滅，無從查证。再則，從「前本荔枝記字多差訛，曲文減少」的狀況看，泉潮這兩部戲文非經長期搬演、「戲簿」反復轉抄，不致會那麽破爛殘缺。漢學家龍彼得教授研究認爲，《荔枝記》的出現當在一五〇〇年前後。如是這樣，斯時李贄（一五二七——一六〇二）尚未出世，自然與他無關。

再説，如果《荔鏡記》被認定爲「潮州戲文」，其作者是否李贄，就更不必多言了。客觀地説，《荔鏡記》真的是合二爲一的戲文，既有潮州本的成分，又有泉州本的成分。但從方言俗字、曲牌腔調、劇情傳承等方面來分析判斷，當年新安堂余氏合編時，是以泉州本爲主、潮州本爲輔的（全本七十六支曲牌，標明潮腔只占九支，可見一斑）。

至於名實相副的《荔枝記》，我們在那些年先後從海内外獲得三部復製件。一爲潮州萬曆本，一爲泉州順治本，一爲泉州光緒本。二〇〇八年在泉州又發現一部本地「見古堂」刊行的道光本。這四部《荔枝記》更與李贄無關。

至此，我們回頭審視李禧《夢梅花館詩鈔》記載「［卓吾］歸，燃巨燭撰稿，堂上書胥二，堂下工匠十，每脱一稿，即謄清發刻，印刷，書成天未曉」之説，與現在可以看得見的《荔鏡記》的版式及内容對照，證明李禧記載完全不能成立，其理由是：一是《荔鏡記》原刊全本「一百五葉」，儘管「堂上書胥二，堂下工匠十」，但是第一道工序是著作者要一個字一個字地寫出來，一百又五頁布滿密密麻麻的文字，一夜之間怎可寫成？我們做的校訂本用電腦打字，「字數統計」近五六萬字，還得用幾天時間，李贄怎可能「每脱一稿，即謄清發刻、印刷，書成天未曉」？其二，《荔鏡記》不是單純一本陳三五娘的戲文，其版面上分爲三欄。上欄是「增入顔臣、勾欄、詩詞、北曲」，中欄《荔鏡記》的詩畫配，下欄才是《荔鏡記》戲文。戲文中又有曲牌及表演提示等非常專業的戲劇元素。這些内容，決不可能是李贄一個人一夜之間就能完成的。

但爲什麽民國初年林霽秋先生編的《泉南指譜重編》，泉州多位名士爲之賦詩，都提到李卓吾，如上引的「沿村荔鏡流傳遍，誰識泉南李卓吾」以及「奇文一卷卓吾血」等，都是如此肯定《荔鏡記》是李卓吾的心血。

這裏有兩個歷史的誤會。一是明代有《荔鏡記》又有《荔鏡傳》；二是明代有兩個李卓吾。《荔鏡記》是方言戲文，《荔鏡傳》則是文言小説。故事題材基本相同，但内容有异。最明顯的是《荔鏡記》的主人公陳三、五娘名爲「陳伯卿、黄碧琚」，《荔鏡傳》則名爲「陳必卿、王碧琚」。至於《荔鏡傳》作者，臺灣陳香先生一九八五年出版一本《陳三五娘研究》專著，一説李卓吾，又名「李景（明洪武時人），纔可能是陳三五娘小説的作者」。另一處，他又「可斷定《荔鏡傳》當『明李卓吾所作』無疑，而『成於光宗年間（一六二〇），刻於天啓五年（一九二五）』，計十回，分四卷，是一條正確的條案了。」然而，刊於《文學遺産》的《〈荔鏡傳〉考》的作者陳益源先生都不敢苟同，反認爲「『明人王鴻飛所作』的説法（據説鴻飛號一介，蘇州人，正德間，負笈晋江，就理學家陳紫峰讀，無成，唯嗜搜録民間艷聞以編著傳奇，其後不知所終。）反倒值得重新檢討了」。

由此可見，《荔鏡傳》不等於《荔鏡記》，明洪武時人的李景、李卓吾與天啓五年的李卓吾，都與晋江李贄號卓吾（一五二七—一六〇二）不是同一個人。民初林霽秋先生編《泉南指譜重編》時，可能也還不知道世上有《荔鏡記》戲文，所以他編的《指譜》的四、十三、十八、廿七至三十套，都是陳三五娘的故事，但他爲以上共七套「指譜」寫的「故事大概」，只有第四套以《泉潮荔鏡奇逢集》爲據，餘者六套概以《荔鏡傳》爲故事來源。全編没一處提到《荔鏡記》，也没有一個人物的姓名與《荔鏡記》相同。如他所列王忠志、王碧琚、陳必卿、憶春、林岱。而《荔鏡記》這些人的姓名則爲黄忠志、黄碧琚、陳伯卿、益春、林大。這種差异，説明當時林霽秋以至社會人士只知小説《荔鏡傳》，不知戲文《荔鏡記》，而且把前人誤判《荔鏡傳》的作者爲李卓吾，以訛傳訛地移植到戲文《荔鏡記》身上，而泉州那幾位名士也以小説《荔鏡傳》等同戲文《荔鏡記》而作其詩。如果我們今天不是拿到戲文《荔鏡記》和文言小説《荔鏡傳》（《奇逢集》）的副本，並把它校訂出版，這種以訛傳訛，可能還會一直訛傳下去。

基於此，我們把《荔鏡記》編入《泉州傳統戲曲叢書》第一卷，列爲卷首頭一部戲文，紹後爲順治本、光緒本《荔枝記》及蔡尤本口述本《陳三》和一九五四年華東得獎本《陳三五娘》，繼往開來，一脈相承。二〇一〇年，又點校《荔鏡記荔枝記四種》，把四種原刊書影及校訂本匯編出版。今次，又把文言小説《荔鏡傳》（《奇逢集》）的副本點校匯編於此，以供審閱，明辨是非。

總的説：不論是《荔枝記》還是《荔鏡記》，都不是李贄所作。

正本清源，回歸史實，肯定無損於鄉賢李贄的光輝！

本文曾刊於《泉州學林》二〇〇七年二期，略爲補充與修改後，又載鄭國權編撰《荔鏡奇緣古今談》，中國戲劇出版社二〇一一年版。

重刊五色潮泉插科增入詩詞北曲勾欄荔鏡記戲文全集

【西江月】〔末上〕世事短如春夢，人情薄似秋雲。不須計較苦勞心，萬事自然由命。公子伯卿，佳人黄氏，窈窕真娘（良）❶，因嚴親許配呆郎，自登彩樓選東（同）床。卻遇陳三游馬過，荔枝抛下緑衣郎。陳三會合無計，學爲磨鏡到中堂。益春遮簡，得交鸞鳳。潛逃（他）私奔，被告發遣。逢伊兄運使，把知州革除，夫婦（帚）再成雙。襟懷慷慨陳公子，體態清奇黄五娘。荔枝爲記成夫婦，一世風流萬古揚。❷

第二齣　辭親赴任

【粉蝶兒】〔外生（旦）〕寶馬金鞍，諸親迎送，今旦即顯讀書人。〔生〕受敕奉宣，一家富貴不胡忙。舉步高堂，進見椿萱。〔外〕身做❸運使離帝京，寵受君恩當刻銘。五湖（胡）四海民安樂，蒼生鼓舞樂堯天。〔生〕

❶ 娘（良）：原本錯别字放在（　）内。下同。
❷ 首齣原刊本未標明齣目，應爲第一齣。
❸ 做：原本「佐、做」兼用，概改爲做。

聖學功夫惜寸陰，且將無逸戒荒淫。從今獻策龍門去，不信無謀（媒）魏闕深。〔外〕下官姓陳名伯延，厝住泉州蓬山嶺後，雙親在堂。幸得一舉成名，除受廣南運使，敕賜劍印随身。干礙爹媽在堂，不得前去赴任。佐倆❶得好？〔生〕哥哥，不見古人説：「孝於事親，忠於事君。盡忠不能盡孝，盡孝不能盡忠。」爹媽在堂，小弟須當伏侍❷，哥哥不必得念。〔丑〕好説大人得知，行李打叠便了。〔外〕既❸是便了，請爹媽出來相辭，因勢（世）起身。〔净〕心忙來路緊，喜得到泉州。這裏正是陳老爹門首。〔丑〕敢問賢友，貴處那裏？❹〔净〕小人正是廣南道承差，差來接運使老爹赴任。〔丑〕尊兄徛（立）定，待我禀過老爹。〔丑介〕好説大人得知，外頭有一承差，説是廣南道差來接老爹赴任。〔外〕放他進來。〔净見介〕承差接老爹。〔外〕有文書没有？〔净〕有文書。〔外〕接上來。〔外〕這文書上還有十二名皂隸、兩名吏，都在那裏？〔净〕兩名吏同十二名皂隸打水路來。小的恐怕（伯）老爹起馬緊，先打旱路來接（院）老爹。〔外〕既是這等，左右送他館驛（盤）裏安下，明日一定起身。〔末净下〕〔外〕請將爹媽出來相辭，因勢起身。〔生〕爹媽，請請。【菊花新】〔末丑〕今旦仔兒卜起里，未知值日返鄉里？夫妻二人老年紀（已），仔兒卜❺去，挈（焄）❻我心悲。〔貼〕都是前世因緣凑合着伊，随夫赴任廣南，真個榮華無比。〔末〕〔相見介〕光陰似箭歲難留，日月如梭春復秋。〔丑〕但願吾兒

❶ 佐倆：方言俗字，作「怎樣」解。下同。
❷ 伏侍：原作伏事，今正。下同。
❸ 既：原本「既、見」兼用，概改爲既。
❹ 這段净、丑及外的對話均説藍青官話。
❺ 卜：要，或想要。下同。
❻ 挈（焄）：焄，俗字，於此義爲「引、使」。下同。

老萊子，身著斑（眷班）衣五色毬。〔末〕來，伯延，纔自❶是乜❷人在只外？〔外介〕纔自是廣南道承差，接仔赴任。〔末〕既是接你赴任，媳婦（息帚）收拾行李，就時起身。伯卿，你送恁哥嫂到廣南任所，因勢轉來厝讀書。〔生〕謹領尊命。〔末〕仔你去做官，莫得貪酷百姓。所望榮歸故里。古人説：衮衮諸公著錦（帛）袍，不知民瘼半分毫。頻斟美酒千人血，細切肥羊百姓膏。須記得這四句，是大丈夫之志，立身揚名，以顯父母。〔丑〕新婦，你去勸我仔，做官善事多爲，惡事莫作。〔貼〕❸媽ㄈ❹，遵（尊）命，仔兒都記在心内。【一封書】〔末丑〕我分付❺二仔兒，只去路上着細膩（二）。去做官，管百姓，莫得貪酷不順理。做官須着辨忠義❻，留卜❼名聲乞人上史記。〔合唱〕今旦相辭去，值日得相見？三年任滿返鄉里。〔外貼生唱〕【大河蟹】拜辭爹媽便起程，叮嚀拙❽話仔須聽。三年任滿，轉鄉里，合家團圓，ㄈㄈㄈㄈ。許時返來即相慶。〔末丑〕仔兒分開我心痛，只去隔斷在千山萬嶺。〔外生貼〕勸爹勸媽，莫得發業費心情。〔合〕三年任滿，ㄈㄈ，許時返來即相慶。

【尾聲】就拜辭媽共爹，安排轎馬便行程，值日得到廣南城，ㄈㄈㄈㄈ。〔末〕因勢收拾起身。〔並下〕

❶ 纔自：原作「才自」，今正。下同。
❷ 乜：麽，或什麽。下同。
❸ 〔貼〕：原略筆作「占」，今正。下同。
❹ 媽ㄈ：媽媽，母親。演出習慣叫媽親。下同。
❺ 分付：吩咐。下同。
❻ 辨忠義：義爲盡忠義。辨字疑有錯。
❼ 卜：借用字，義爲「要」。下同。
❽ 拙：這些、這麽些。下同。

拜辭爹媽便起身，山高路遠雁魚沉。萬兩黄金未爲貴，一家安樂值千金。

第三齣　花園游賞

【粉蝶兒】〔旦〕巧韵鶯聲，驚醒枕邊春夢。起來晏，日上西窗。〔貼〕見窗外尾蝶，雙飛相趕。日頭長，春花發得通看。〔貼白〕亞❶娘萬福。〔旦〕幾陣鶯聲微微輕，雙雙紫燕叫黄鶯。困人天氣未成熱，力❷只寒衣脱幾重。〔貼〕三十六春日晴明，諸般鳥雀弄巧聲。宅院深沉人寂(什)静，懶倚綉床無心情。〔旦〕念阮是黄九郎諸娘仔，名叫五娘。挑花刺綉，琴棋書畫，諸般都曉(撓)。爹爹(匕)並無男嗣，單養阮一身。来亞，益春，今旦正是新春節氣，不免相共行到花園内賞花。〔貼〕好花不去賞，也可惜除！【錦纏(田)道】〔旦〕❸入花園，簡❹相隨。滿園花開蕊，紅白緑間翠。雙飛燕，尾蝶成雙成對。對只景，挐(毛)人心憔悴(碎)。〔貼〕娘身是牡丹花正開，生長在深閨。好時節，空虚費。怨煞窗外啼子規，枝上鶯聲沸。一點春心，今來交付乞誰？【撲燈蛾】〔旦〕整日坐綉房，閑行出紗窗。牡丹花正開，尾蝶同飛來相弄。上下翩翻，阮春心着伊惹動。〔貼〕摘(拆)一枝，挽一枝，插入金瓶。〔旦〕畏引惹黄蜂尾蝶，尋香入綉房。【餘文】牡丹花開玉欄杆(干)，管乜尾蝶共黄蜂，須待鳳凰來穿花叢。

---

❶ 亞：原作啞，爲避免誤爲啞吧，故改。置於詞前作「阿」，置於詞中作「抑」，置於詞尾作「呀」、「啊」。

❷ 力：把、將。亦作「掠」。

❸ 〔旦〕：原脱，酌補。

❹ 簡：借音字，義婢女。本字囝。

滿園花開緑間紅，花開花謝不胡忙。一年那有春天好，不去得桃❶總是空。

第四齣　運使登途

〔末〕有福樣人人伏侍，無福樣人伏侍人。小人不是别人，便是陳大人手下。大人今旦前去廣南赴任，説都未了，大人來到。【八聲甘州】〔外生貼上〕東風微微，正是新春景致。憶着在厝，好酒慶賀新年。雙親堂上老年紀，功名牽絆覔除伊。〔合〕心悲值日得返鄉里。〔又〕富貴是無比，五花頭踏馬前噪人耳。白馬金鞍，等接官員都佃❷。金印銀簇戴金牌，算來讀書强别事。〔合〕金榜掛名，天下人都知。【尾❸聲】看日落在天邊，打緊驛内去安置（至），憶着家鄉在千里。匕 匕匕。

走馬上任路八千，光景無邊景物鮮。遇飲酒處須飲酒，得高歌處且樂然。

❶ 得桃：近音借用字，義爲「玩耍」。下同。
❷ 佃：近音借用字，義爲「滿」。下同。
❸ 尾：原脱，酌補。

第五齣　邀朋賞燈

【賞宫花】〔浄丑〕今暝乜乜元宵，滿街人吵（炒）閙。門前火照火，結綵（採）樓。人人成雙都成對，虧我無某❶共誰愁。潮州林郎有名聲，廣東福建敢出名。不欠錢銀不欠食，另欠一某不十成。小子永（末）豐倉林大爹便是。阮母無分曉，生我一鼻障❷大。許識物的（个）❸盡稱呼做大官，許不識物的呼我做大鼻。莫説我田園廣闊，錢銀無賽，那是婚頭遲，未有一某通伴眠，乞人説笑，叫做無尾牛。今暝正是元宵，我心内愛上街睇（體）燈，無人伴行。我不免唱一無某歌，解（改）悶消遣，行來去尋老卓。【四邊静】拙年無某守孤單，清清（青青）冷冷無人相伴。日來獨自食，暝來獨自宿。行盡腌臢（暗礸）路，踏盡狗屎粑（乾）。盤盡人後墻，屎肚都蹊破❹。乞人捉一着，鬃仔去一半。丈夫人無某，親像衣裳討無帶。諸娘❺人無婿，恰是船（舡）無舵。拙東又拙西，拙了無依倚。人説一某强十被，十被甲也寒。只正是老卓門兜，不免叫一聲：誰人在許内？共恁亞爹呾❻：説是西街林大爹在只，請伊得桃。〔内應〕【賞宫花】〔末上〕誰叫一聲？因勢（應世）出外廳。不知

---

❶ 某：原作「厶」。某，借音字，義爲「妻」。下同。
❷ 障：近音借用字，義爲「這樣」，亦作「怎」解。
❸ 的（个）：的原作个，二者方言音同義不同，今正。下同。
❹ 屎肚都蹊破：腹肚都擦破。
❺ 諸娘：亦作姿娘、孜娘、浖娘，即婦女。下同。
❻ 呾：俗字，義爲「談、説」。下同。

是乜❶人，元來❷是林大兄。〔净〕我今請你無別事，那因無某費心情。〔末〕林兄錢到某便。〔净〕誰人某卜租人？〔末〕和尚某卜租人。〔笑介末白〕林兄請坐。〔净〕免坐。〔末〕未知林兄貴幹？〔净〕卜請你幹事。〔末〕幹乜事？〔净〕今暝正是元宵，直來招兄你看燈，因便睇群姐得桃。〔末〕小弟今無心看燈，林兄你愛惹事。〔净〕老卓，你不見俗人説。〔末〕俗人可做倆説？〔净〕世上若無花共酒，任你千歲待如何？〔笑介〕小弟今不惹事，相共來去無妨。〔末〕待小弟叫簡仔討檳榔食。〔净〕向説多承。〔末〕值簡仔在許内，討檳榔食。〔貼上〕有乜好客在外廳，手捧檳榔出外行。〔見介，净白〕老卓，你值時討一個媳婦拙爽利？〔末〕林兄茹(如)魯❸，只是我飼的。〔貼介，末白〕啓(踝)林大爹一啓。〔净〕名叫乜？後來好相叫。〔末〕名叫春來。〔貼〕請檳榔。〔净食介，貼(末)白介〕林大爹，食檳榔便食，捻人手痛痛，乜事？〔净〕只一查某仔不識物，我捻手看大亞小，卜打手指❹乞你。〔貼〕林大爹，多謝。〔净〕只來只來都未有灰❺。〔净介，净捉，末白〕林兄小神。〔净〕大身翁乜小神！〔末〕林兄相共來去。【賞宮花】今暝是元宵景致，誰厝娘仔不上街來游嬉。我逡(群)只街頭巷尾看便宜❻，林兄那畏了病❼成相思。〔净〕拙年孤單獨自，有某緣分，那就今暝。〔末〕好元宵强過別暝，鼓(古)樂吹唱，會處都佃。滿街鑼(羅)鼓鬧喧天，不禁夜人人歡喜。得桃人須趁後生，有某緣

❶ 乜：借用字，義爲「什麼」。下同。
❷ 元來：原來。下同。
❸ 茹(如)魯：亂説。下同。
❹ 手指：戒指。
❺ 灰：數。即撫摸。
❻ 便宜：原作平宜，今正。下同。
❼ 了病：惹病。下同。

分那就今暝。【滴溜子】今暝元宵月半，咱（恁）一齊相共去看。〔末〕好鰲山。鰲山上結綵好看，張門人物盡都會活。〔净〕卓兄，鰲山上都是傀儡仔，不免去托一個來去得桃。〔末〕不通，林兄小人。〔内喊❶，净走〕是誰？都是潘兄。〔内應，末介〕請那。〔净〕纔自是乜人喝喊？〔末白〕是官府出來看燈。〔净〕今暝官民同樂人人愛，風調雨順，國泰民安。

拙年無某守空房，今日好人來相逢。不畏無人通中我，只怕小子不中人。

第六齣　五娘賞燈

【縷縷金】〔旦貼〕元宵景，好天時。人物好打扮，金釵十二。滿城王孫士女，都來游嬉。今暝燈光月團圓，琴弦笙簫，鬧滿街市。元宵好景巧安排，鑼鼓鬧咳咳。千金一刻元宵景，雖那吝財也不吝財（才）。〔貼〕元宵好景家家樂，簫鼓喧天處處聞。〔丑上，三合〕樓臺上下火照火，車馬來去人看人。〔見介〕亞娘萬福。〔旦〕李婆來貴幹？〔丑〕婆仔無事不上下門。〔貼〕正是高門。〔丑〕今人行下門可多。好説亞娘得知，今暝是元宵景致，滿街滿巷，點放花燈，高結鰲山。婆仔直來招亞娘上街看燈，不知亞娘心中興不？〔旦〕婦人之德，不出閨門。阮厝也有幾盞花燈，那留你只處賞可好。〔丑〕天日亞，恁厝雖有花燈，俩❷及許街上滿街

❶ 喊：原作嗽，異體字，改作啖，故改。下同。

❷ 俩：原作「再」，概改爲「俩」。此處作「怎」解。下同。

花❶，許多寶貝。那不去看，也可惜除！〔貼〕亞娘，今暝是元宵大鬧，街上都是公子王孫上街答歌，來去看也不畏。〔旦〕既是障說，益春你入內去點一燈來去。〔丑〕亞娘，滿街滿巷無乜光燈，點燈要乜用？〔旦〕婦人夜行以燭，無燭則止。〔丑〕亞娘說是。〔貼下，上介〕【大迓鼓】〔旦唱〕正月十五暝，厝厝人點燈，是實可吝。三街六巷好燈棚，又兼月光風又静，來去得桃到五更。〔丑貼〕元宵景，有十成，賞燈人都齊整。扮(辦)出鰲山景致，抽出❷王祥卧冰，丁蘭刻母，盡都會活。張珙(拱)鶯鶯圍棋，宛然真正。障般景致，實是惡棄(擲)。恁今相隨，再來去看，匕匕。〔内劃(華)船唱歌介〕〔丑白〕唆阿唆，唆阿唆，唆恁婆。〔三合介貼〕【皂羅袍】〔旦〕幸得三陽開泰。〔内唱〕〔貼〕李婆，許處正是乜事？〔丑〕許正人打韆鞦。〔旦〕打韆鞦盡都結綵。〔内介〕〔旦〕李婆，許處人鼓瞋❸，正是乜事？〔丑〕許是許一夥(火)後生在許燈下打獅。〔貼〕正是人弄獅。滿街鑼鼓鬧咳咳。各處人聽知盡都來。〔貼〕簡今隨娘到只蓬萊。〔旦〕看許百樣花燈盡巧安排。游賞好元宵，人人心愛。〔貼〕娘仔相隨到只。〔旦介〕鞋緊履短步難移。〔丑〕益春，恁亞娘木屐擺了，快共伊移正。〔内打鑼介〕〔旦〕許處正是人乜事？〔丑〕亞娘莫驚，許是落後生仔食了飽，割山香打鑼。〔貼〕許一人頭毛放茹，許處那跳乜事？〔丑〕許是跳翁的。〔貼〕許跳翁仔，恁莫得去衝(充)着伊。〔丑〕許跳翁的見恁諸娘人，伊莽跳恁身上來。〔貼〕李婆莫茹呾❹。〔旦〕輕輕閃覓只街邊。〔貼〕前頭人來惡逃避(僻)。〔旦〕緊緊來

❶ 花：花燈。
❷ 抽出：疑爲鰲山上抽傀儡「王祥卧冰」故事，可見此時抽傀儡已是常事。
❸ 瞋：原作陳，借音，義爲「響」。下同。
❹ 茹呾：「呾」原作「咕」，今正。下同。

去又畏人疑。尋香愛月，不是孜娘體例。〔内唱介〕清明冷丁時節雨紛紛，冷丁冷打丁，打的冷愛的冷打丁，路上行人欲斷魂（雲）。冷丁冷打丁，打的冷愛的冷打丁。借問酒家何處有，冷丁冷打丁，打的冷愛的冷打丁，牧童遥指杏花村。冷丁冷打丁，打的冷愛的冷打丁。〔丑〕冷打丁冷打丁，是也好聽。〔丑笑介〕〔旦〕許正是乜事？〔丑〕許正是鷄仔啄鐵銚❶鳴，叮叮咚咚，是實好聽。〔貼〕許是人操琴。〔丑〕那卜是人操琴，都不見斧頭陳❷。〔旦〕正是人彈琴。〔丑〕亞娘，今暝月光風静，再去得桃即❸！【水車歌】〔旦〕❹今暝是好天時，上元景致，正是在只。〔丑〕亞娘，只鰲山上人吹唱，是好聽。〔旦〕見鰲山上吹唱都佃。〔貼〕打鑼鼓動樂抽影戲。亞娘，實是好燈。〔旦〕花燈萬盞，匕匕燈光月圓。〔丑〕亞娘，只一盞正是乜燈？〔旦〕只一盞正是唐明皇游月宫。〔丑〕唐明皇是丈夫人❺？孜娘人？〔旦〕唐明皇正是丈夫人。〔丑〕那卜（莫）是丈夫人，都有月經？〔旦〕只正是月宫内的宫殿。〔丑〕向生，待我估叫是丈夫人有月經一❻？〔貼〕呵娘，只一盞正是乜燈？〔旦〕只正是昭君出塞（賽）。〔丑〕阿娘，昭君便是丈夫人？諸娘人？〔旦〕昭君正是諸娘人。〔丑〕向生，待我一估（辜）叫一諸娘向惡，都會出婿。〔旦〕昭君出塞，唐明皇游嬉。願待更鼓，且慢催更。障般好

❶ 鐵銚：小鐵鍋，鷄仔啄之發出聲響。
❷ 斧頭陳：李姐以爲操琴是斫琴，斧頭有聲響。打諢。陳，借音字，應爲瑱。
❸ 即：「一下」的合音。亦作「齊」。下同。
❹ 〔旦〕：疑脱，酌補。
❺ 丈夫人：《明刊三種》及清抄本均作「乾埔人」，指男人。下同。
❻ 一：疑是詞尾「年」字之殘筆。

景過了，倆得到新年。〔末净上截（鬧）介，旦貼丑下〕【一封書】〔末净〕好諸娘，是親淺❶。〔净〕句未親淺，句有一處破相。〔末〕乜破相？〔净〕身下破相，脚（那）仔即有拙長。〔末〕許正是三寸弓鞋。脚縛三寸乜細膩。〔净〕李兄，你都不知，今即一位娘仔二目真真那看我。〔末〕無許事。〔净〕你不信，我跪只天前咒誓：天亞，那不看我，就死除我！目看我笑微微，倆得共伊宿一暝。同床同枕同坐起，同入銷金帳内，共伊啰嗹哩。天匕可憐見，乞我緣分對着伊，一暝夫妻甘心死。【一封書】〔潮腔〕❷東家女，西家女，出來素淡（投）梳妝。〔净〕卓兄，好一樣。〔末〕倆（在）見得好一樣？〔净〕肌膚温潤有十全。弓鞋三寸，蟬（蟾）鬢又光。〔末〕動得咱（懶）睇都不知返。〔末〕林兄卜值去？〔净〕十（卜）種，許不是人亞！〔末〕不是乜？〔净〕許是天妃媽變相來。〔末〕倆（在）見是天妃媽？〔净〕那卜是人，都會迷人。〔末〕正是花色迷人。〔净〕是只年，我佔叫是天妃媽。〔笑介〕那卜是人，再趕（赴）來去看。〔末〕伊來去，咱來去得桃。得桃滿街巷，郎君士女都來看人。〔净〕老卓呵。睇伊人共我親像。〔末〕倆見得親像你？〔净〕我今無某，伊定無翁。想伊心内，共我一般苦痛。〔末〕你無某，牽連伊無翁做乜？〔净〕我今無某，伊的無翁。伊今值時共我成對，我今值時共伊成雙。〔末〕伊做乜肯共你成雙？〔净〕愛伊成雙，我着堅心央托媒人。〔末〕林兄，你句愛看不？〔净〕我句愛看燈。〔末〕伊今倒（到）去了，倆得伊着？〔净〕小弟有思量，伊打東街去，恁按西街去攔（欄），二邊截上。【賞宫花】〔净〕暫（漸）且分開做二位，若還（煩）截一着，莫得拆開。投告天地共神祇，保庇我共伊，成雙成對。

〔並下〕

❶ 親淺：新鮮、靚麗。亦作「親醒」。下同。下句「句未親淺」，句：近音借用字，義卻、究。下同。

❷ 〔潮腔〕：原刊漫漶，存疑。

元宵好景值千金，一陣阿妹賽觀音。若肯共我成一對，一暝死去也甘心。

第七齣　燈下搭歌❶

【大迓鼓】〔旦貼丑上〕自細不出門，上元景致，今旦暝昏。娘仔恁且返，行來到只，不知值方。〔合〕元來正是廣濟橋門。〔丑〕呵娘亞，今暝滿街滿巷花燈，都不值（答）只廣濟門花燈可斉。〔旦〕李嫂，是乜可斉。

【長生道引】〔旦貼〕花燈可斉，匕匕匕，看許鰲山上神仙景致。天斷雲霓，月光風静，幾陣歌童舞妓。〔内唱〕情人彈出雉朝飛，有意佳人去復歸。夜夢相思睡難曉，只怕光陰似箭催。〔旦唱〕笙簫和起入人耳，真個稱人心意。恨織女牛郎，伊都不得相見。〔介〕官民同樂是太平年，無貴賤無驕無侈，見許賞燈人盡都歡喜。看許賞燈人盡都歡喜，真難得有障般天時。元宵一刻值千金，那煩惱鼓轉五更，又驚畏鷄報五更。〔旦貼同至，末净（丑）上介，截介〕只正是乜燈？〔末〕只正是琴棋書畫。〔净〕只是乜燈？〔末〕只是相如彈琴。〔净〕只是乜物燈？〔末〕只是蘇秦讀書。〔净〕許是乜燈？〔末〕許正是鴛鴦的鴨相踏燈。〔貼〕燈古燈。〔净〕中你目真真。〔净〕卓兄，只老姊（妁）你識伊？〔末〕只是西門外李哥嫂。〔净〕正是趁猪羔❷的李哥嫂。〔末〕正是。〔净〕李嫂來答歌。〔丑〕我去共阮亞娘説。〔旦〕乜事？〔丑〕西街林大爹卜共恁答歌。〔旦〕向般人，共伊答一乜歌？〔丑〕咱只潮州人風俗，看燈答歌，二年去無病。〔净〕李嫂共我答。今夜正是元宵，

❶ 搭歌：答歌。

❷ 趁猪羔：羔，原刻爲上「羊」下「心」。猪羔，即猪哥，指趁趕公猪與母猪交配爲業的人。

都卜燈字爲题；那無燈字，斷定着乞人蹳❶。〔丑〕我今老了，句不食蹳，蹳着愛尿流。〔净〕你起。〔丑〕你先起。【答歌】〔唱〕恁今向片阮障片❷，恁今唱歌阮着還。恁今還頭阮還尾，恰是絲綫纏竹片。〔丑貼唱〕阮今障邊恁向邊，阮今唱歌恁着還。阮今還頭恁還尾，恰是絲綫纏竹鼓。〔净末唱〕阮唱山（雙）歌乞恁知，待恁聽知我也知。待恁坐落袂❸走起，待你走起我便來。〔丑貼唱〕阮唱山歌乞恁聽，待恁坐聽徛也聽。待恁坐落袂走起，待你起來又袂行。〔净末〕月朗朗，照見月底梭掏紅。斧頭破你你不開，斧柄擇❹你着一空。〔貼丑唱〕月圓圓，照恁未是好人兒。〔净〕正是西街林大爹。〔貼〕想恁那是作田簡，大厝人仔向大鼻。〔净〕❺月砲砲，照見恁是人阿頭❻。看您大厝飼的簡，十個九個討本頭。【好姐姐】〔丑〕❼看恁好無道理。〔净（丑）〕無道理？值曾（情）擇槌仔撟（喬）恁後門。〔旦〕恁行開去，莫得來相纏。閑言野語你莫聽伊，俗子村夫識乜體例！〔旦貼丑下、净末下介〕

花燈萬盞巧安排，障般好景是蓬萊。一陣娘仔相隨過，疑是觀音降下來。

---

❶「蹳」及接下的「食蹳」，疑爲踹，一種懲罰性動作。

❷ 向片、障片：這邊、那邊。片疑爲爿。

❸ 袂：原本部分作秫，應爲𣍐，義爲「不會」。下同。

❹ 擇：疑爲鐸。下文「擇槌仔」即「鐸槌子」。此段爲諢話，褻瀆女性。

❺〔净〕：原脱，酌補。

❻ 阿頭——丫頭。

❼〔丑〕：原脱，酌補。

第八齣　士女同游

【大迓鼓】〔旦貼丑上〕正月十五暝，厝厝人點燈，是實可呇，三街六巷好燈棚。又兼月光風又静，來去得桃到五更。〔生〕潮州好街市，又兼逢着上元暝，來去看景致。一位娘仔乜親淺，恰是仙女下瑤池。匕匕匕匕〔生下〕〔旦丑貼在場介〕〔貼〕只一人都不是恁潮州人？〔丑〕只一人我八❶伊。〔貼〕正是乜人？〔丑〕是與化人。〔貼〕與化人來只處幹乜事？〔丑〕來縛籠床❷。〔貼〕縛籠床都拙哄❸。〔丑〕卜畏天上差來的人。〔貼〕天上差來卜乜事？〔丑〕天上差落來，專共許一夥簡仔打獅尾。〔貼〕李婆莫茹咀。【滴溜子】〔旦〕好天時，好月色，實是清氣。好人物，好打扮，宫娥無二。鰲山上神仙景致，香車寶馬來往都佃。王孫士女都同游嬉，可惜今暝燈光月圓（員）人未團圓。〔合〕琉璃燈，牡丹燈，諸般可呇，金爐内寶鴨香煙微微。〔净唱〕❹得桃障更深，殘月更催風露冷（令）。作笑動我心，一位娘仔賽觀音。真個悶煞人心，割（刈）吊人心，不得伊着倆甘心。〔旦〕歌聲和起，動人心意。障般樣光景實是惡棄。返頭不覺見，月斜斗星移。恁今得桃更深，合該迴避。〔生净上〕〔旦貼丑下〕〔生〕❺香車寶馬鬧滿處，琵琶龍笛，琴弦聲和。蓬萊景致，正是只處。見

---

❶ 八：識。

❷ 籠床：籠甑。

❸ 哄：原本此字不明。哄，借音。本字晬，指很漂亮，引人注目。

❹ 〔净唱〕：原本不清晰，酌補。

❺ 〔生净上〕〔旦貼丑下〕多字不明；〔生〕原脱，酌補。

許一陣娘仔，一陣娘仔相挨相搡(束)，在只燈下行過。〔净〕滿頭戴珠翠，真個雲鬢金髻。〔生〕畜生，我曉得了。安童，你只潮州熟，可曉得只一陣娘仔正是值街巷上人？〔净〕安童纔自見許街邊人説，只一位娘仔正是後溝黄(王)九郎的諸娘仔。〔生〕潮州生得障般親淺孜娘，又逢着月光風静，不得桃也可惜除！〔净〕官人，許前頭一陣娘仔生得句可親淺伊。〔生〕十個九個，不值(踏)五娘仔一倍。玉笋纖纖，真個滿面花月。袂得近伊兜，力拙恩愛從(全)頭共伊細説。【尾聲】星稀燈疏更漏短，轉去傷心共誰説。〔生下净笑〕阮官人着諸娘割茹了，叫伊返去傷心卜共誰説。安童試學看親像。星稀燈疏更漏短，轉去傷心共誰説。〔並下〕

第九齣　林郎托媒

【縷縷金】〔净(丑)上〕元宵景，十五暝，燈今看了人寂静。移步還去厝，鼓打四更。〔起叫介，唱〕更匕匕咱(懶)今得桃盡今暝，再卜相見着來年。花色迷人如醉，吟風嘯(掃)月而歸。看伊人物爽利，賽過廟裏天妃。〔笑介〕十種❶烏龜倚(奇)一夥。姿娘帶腰刀割人，我今不免只處坐。等待李哥嫂只處過，問伊是誰厝諸娘仔，央伊去❷，現得來豈不妙哉！【賞宫花】〔丑上〕彩樓好景致，滿街是貴氣。殘月更鼓催，鷄聲啼。天光但得返去厝，再卜得桃是來年。〔净介丑介〕〔丑〕天日亞，是誰人？〔净〕是林大爹。〔丑〕林大官，你三更半暝做鬼驚人。〔净〕李婆，問你，今即在值處挈(乇)一觀音來看燈？〔丑〕不是佛，是大厝人姿娘仔。〔净〕大

❶ 十種：雜種。下同。

❷ 央伊去：疑爲「去提親」。

家娘仔向細？〔丑〕伊是小娘仔。〔净〕小娘仔向大？〔丑〕林大爹，你顛狂呾話。〔净〕正是值家人姿娘仔？〔丑〕許正是後溝黄九郎孜娘仔，名叫五娘。〔净〕伊可見我不？〔丑〕伊見你。〔净〕叫我割伊。〔丑〕叫你割伊一瞑，返去厝袂睏得，睏到日午即起，天句叫你割伊，一頓食除三五碗，着你割一粒也袂添得。〔净〕賊烏龜即知林大爹割人。我今卜央你去求親。〔丑〕我句袂做媒人。〔净〕你倆年袂做媒人。〔丑〕我句袂白賊。〔净〕永豊倉林大爹，誰人不識，使你騙人。〔丑〕既是障説，我乞一生月來乞你撿。〔净〕你去乞一生月來乞我撿，伊定準。【四邊静】〔净唱〕我今央你去求親，我拙年無某受艱辛。姻緣都是天注定，媒姨捍斗秤。〔合〕再三央你求卜伊肯。若得姻緣就，大雙金釵答謝恁。〔丑〕林郎聽我説來因，你今央我去求親。五娘伊是天仙女，不是頭對不相陣❶。〔合前〕〔净〕緊去緊來，我甲人❷買一猪脚，群❸得爛爛成屎，乞你食。〔丑〕許是你受用的。

第十齣　驛丞伺接

五娘生得是仙(中)才，姻緣不願心不諧。十二巫山雲霧暗，楚王枉屈夢陽臺。

〔末〕正是在家富貴，出路艱難。今旦大人到廣南城赴任。説都未了，大人來到。〔唱介〕【卒錦富】〔外

❶ 不相陣：疑爲「不相縢」。縢，嫁娶。
❷ 甲人：叫人或差人。下同。
❸ 群：借音字，義爲久煮。

唱〔白〕今旦出路逢春天，花紅柳綠真可吝。猿啼鳥叫掣〔毛〕人心悲，去到廣南即歡喜。〔生上〕跋涉崎嶇來到只，一路那是人迎接。見説廣南遠如天，一里過了又一里。〔丑扮驛丞〕【卒地當】我做驛官甚艱難，點開夫馬掃驛房。緊緊來去接大人，走得我辛苦氣都喘。匕匕匕匕。〔見介〕驛丞接老爹。〔外〕你是那一驛？〔丑〕小驛丞是涂山驛。〔外〕涂山驛到這裏有幾多路？〔丑〕到這裏有二十里路。〔外〕怎麽近接我？〔丑〕小❶的年老了，趕路不上，望老爹赦罪。〔外〕既是老了，怎麽不回去，好打！〔丑〕不敢。〔外〕饒你罷，快討夫馬，我明日清晨就要起身。

遠看山頭日漸傾〔輕〕，趕馬起步到遥亭。金杯美酒消愁悶，管取明朝到廣城。

第十一齣　李婆求親

【菊花新】〔外唱〕光陰相催緊如箭，一年一度也易見。添得我老人白鬢邊，並無男嗣卜怙誰人奉侍。金井梧桐葉落枝，返頭不覺又一年。幸遇新春好時節，玉樓人醉杏花天。老夫姓黄名忠〔中〕志，謝天安樂，那是可惜無男嗣，單養一孜娘仔，名叫五娘。性格温柔，未曾對親。多少郎君卜求，我只心中都不願。那愛一仔婿有志氣，合我的心意。〔丑上〕當初十七八歲，頭上縛二個鬢袋。多〔都〕少人問我乞生月，我揀選卜着處。今老來無理會，人見我一面親像西瓜皮。〔三合，笑介〕只處正是九郎門前。〔相見介〕九郎公萬福。

❶ 小：原脱，今補。

〔外〕李嫂來貴幹？〔丑〕婆仔無事不上高門，那因西街林大爹，托婆仔來乞五娘仔親情，不知九郎公你可準呵不？〔外〕那（另）是西街林大官厝，只人也是有名的人，未知是值枝頭？〔丑〕那卜問枝頭，婆仔都不曉得。那是許富，富富的。〔外〕古人説得好：當田買地是一時，現某❶嫁婿是一世。也着合婚算命，那好便乞伊。〔丑〕整事！算命合婚，死某改婿。相叫相挈，到老齊眉。許看命都白賊。我許後生時節，人來乞生月，阮母叫卜看命合婚，我叫不使，好怯是我命，随我去。今阮二人今年食五六十歲，阮公夭句可疼我。古人説：一斤金不如四兩鉛。九郎，許看命都白賊。〔外〕李婆你聽説。【賞宫花】男婚女嫁，古人有只例。也卜門户相當，郎君有志（心）氣。月老也憑結紅絲，算來注定無差移。〔丑〕九郎聽説起，我做媒人有拙時。説合幾個郎君共子弟，不識花嘴❷共花舌。二邊相停合體例。〔外〕來，李嫂，憑你障説，生月乞伊去看，看那好揀一好日子，乞伊來捧定。〔丑〕正是乞伊去看。

自古嫁娶着媒人，男婚女嫁卜一同。有緣千里終見面，無緣對面不相逢。

第十二齣　辭兄歸省

【望吾鄉】〔生〕花酒迷人不知醒，夢斷巫山雲路迷。韓壽偷香有情意，君瑞相見在琴邊。看古人，有只

❶ 現某：於此作爲「娶妻」。俗讀「娶某」或「乞娶」。

❷ 花嘴：原略筆作「花口」，今正。下同。

例，姻緣願乞早團圓。暝日厭厭醉如痴，恰是風前掛酒旗。但得相隨返去厝，未知姻緣是倆年❶？伯(必)卿，因送哥嫂到潮州，元宵燈下遇着黃五娘。看伊生得如花似錦，暝日着伊割吊。今不免辭除哥嫂，返去潮州，看乜路會得入頭相見。哥哥嫂嫂請上。【掛真兒】〔外〕廣南實是好景致，看得來稱人心意。〔貼上〕莫是三叔思鄉里，眉頭相結，正是因乜？〔見介〕〔外〕來，伯卿，你今旦請阮二人出來，有乜話說？〔生〕好說哥嫂得知，小弟自送哥嫂到任所，拙久無時不憶着家鄉。今愛卜辭哥嫂返去伏侍爹媽，未知哥嫂心中是如何？〔外〕好亞，小弟，你卜返去伏侍爹媽，準是我親去一般。〔貼〕三叔再得桃幾(己)時即去。〔外〕夫人，你不曉得我今嘴食朝廷俸祿，身聽朝廷差使。古人說：盡忠不能盡孝，盡孝不能盡忠。見三叔有一點孝心，卜返去奉事爹媽，我再(倆)不敢留伊。〔生介，外白〕來，伯卿，你卜去，我也無物通共你送路，我另有白金十兩，錦襖一領，白馬一隻，送你返去。〔生拜介〕【催(推)拍】〔生〕就拜辭哥嫂，因勢起里(理)，未得知值日相見？〔外〕❷爹媽年老，後頭望你暝昏早起。〔貼〕你因乜拙時心頭無意？〔外〕心悲卜返去(雲)鄉里，路頭長，須着細膩。【川撥棹】〔外〕我小弟，匕，匕，你聽我說起理。爹媽老，匕，匕，怙你相奉侍(待)。〔貼〕路上去，匕，匕，須着辦(辨)細膩。〔生〕就拜辭，因勢便起里。〔合〕今旦分開去，兄弟乜心悲，目滓滴。未得知，值日再相見。〔净〕夫馬便了，請三爹因勢起身。

兄弟分開折二邊，魚在深淵月在天。爹媽後頭老年紀，思量起來心越悲。

❶ 倆年：怎樣呢。下同。
❷ 〔外〕：疑脫，酌補。

第十三齣　李婆送聘

〔浄〕小七小七，做人骨直。不愛上山討柴，那愛走馬下直❶。頭毛貧惰❷去梳，鼻流不知去拭(七)。人又叫我無神，呾話人便着急(吉)。今旦好日好子，林厝卜來下定，呵公甲我掃廳。媒姨因乜來障晏，不免行只門前去看。前頭一陣人來，親像送喪一般。〔小七掃廳〕【風入松】〔潮腔〕安排桌，掃拼廳。停待阮亞公出來行。〔浄介〕歡喜阮亞娘收人聘定，對着林厝，又是富家人仔。是乜整齊。金釵成對，白銀成錠。表里盡成雙，都是親戚來相慶。都值處鼓鳴，是搬戲，還(也)是做功德？〔鑼鼓聲響〕❸都親像值處人吹乜非非年。〔哨角又鳴〕障好姻緣，都是前世注定。〔浄介〕十種，許遠處一陣人來，親像人送喪年。〔浄介，貼上〕【駐雲飛】〔潮腔〕清晨早起，大人分付安排桌共椅。今旦好(子)日子，亦是好事志。嗦，阮娘仔領人茶，我心即歡喜。〔浄〕恨我一身在別人厝做奴婢。〔貼〕苦桃共澀李，終有好食時。〔浄〕益春，你是病仔，卜食苦桃共澀李。〔貼〕晴盲(青冥)頭，人許處譬論，你共我乞人飼，亦親像許苦桃澀李一般，看值日會甜。〔浄〕是只様，十種烏龜，阮父許時乞里長騙，甲我來賣乞人飼。〔浄啼，貼白〕晴盲頭，今旦是好事志，不通啼，亞公知了打你。〔浄〕不通啼。〔貼〕你緊掃，掃辛苦，我要久討物乞你點心。【光光(公公)乍】〔丑〕我做媒人，歡喜心頭鬆

❶ 下直：泉州一種傳統玩耍様式，如「下棋」。
❷ 貧惰：原作平坦，意即懶得活動。借音，失義。今正，下同。
❸ 〔鑼鼓聲響〕及下文〔哨角又鳴〕：應爲舞臺提示，原刊刻爲曲文。

（雙）。有緣千里來相見，無緣對面不相逢。〔丑三合介，貼白〕媒姨，因乜來障晏？〔丑〕盤擔多，自然生受。〔貼〕媒姨生月乞去，曾（情）撿不曾，下定障緊！〔丑〕都不動破紙，那是做暗婚。〔净〕人説做暗婚，生仔無嘴唇。〔丑〕人説做暗婚，生仔成大群。〔净〕益春，恁趁媒人便，也來合□❶對一對。〔貼〕睛盲頭，合你心肝。〔丑〕亞姊，你入去共恁亞公呾，媒姨來了。〔貼〕媒姨，阮亞娘卜罵你。〔丑〕做媒人是好事，罵我乜事？〔貼〕耍久你便知。〔貼下、净白〕媒姨，你向勢❷做媒人，共我做一個。〔丑〕你有益春了。〔净〕益春，亞公佔去攬脚尾了。【掛真兒】〔外上〕今旦好日子，且喜林厝送禮結親誼（吉親議）。仔兒落當，我心内歡喜。〔外見介，外白〕起動媒姨。〔丑〕亞公且喜。〔外〕起動林厝親姆，送只禮可多。〔丑〕亞公，伊一場一仔愛卜好看。〔外〕小七，力佛前香燭點起。〔小七介〕【風入松】〔外〕燒香點燭神龕前，林厝今旦送定禮，上告堂上高曾祖考。〔外拜介，丑唱〕降來姻緣凑合，五百年前，都是月老相推排。小七，討酒來。〔把盞介〕起動亞公。〔外〕斟起盞酒把媒人，幾轉謔❸你來行動，殷勤禮數好行放。〔丑唱〕表裏十對，金釵十雙。彩鳳書紙金筒。〔外白〕親姆仔細，禮數障多。〔外介〕小七，甲亞媽討一對金花來，乞媒姨做彩。金花一對插你紅。〔丑〕九郎公，感謝。〔外〕媒人莫得嫌少，親情完了，句卜❹大謝你。〔丑〕亞公説一乜話。多承可多，向説，請亞媽出來食一嘴檳榔。〔外〕小七，請亞媽出來食檳榔。〔内應〕亞媽不得工，卜安排物回檻。〔外〕既然無工也罷。〔丑〕也着請亞娘出來食一嘴檳榔。〔外〕亞娘伊是後生人，只廳上不便，捧入後廳去食。〔丑〕亞公説是。

❶ 此字原本不明，似「芳」字，疑是「婚」字。
❷ 勢：原作殳，亦作肴，借音字，今正。勢作賢、能解。下同。
❸ 謔：作「勞」或「麻煩」解。下同。
❹ 句卜：還要。下同。

〔外〕小七，你共媒姨入後廳，去請恁亞娘食檳榔。〔净〕十種烏龜，仔細，阮只後廳狗愛咬人脚後跟（根）。

男婚女嫁着媒人，銀臺蠟燭滿廳紅。有緣千里終相見，無緣對面不相逢。

第十四齣　責媒退聘

〔丑〕手捧檳榔入後廳，聽見亞娘嘆氣聲。閑言野語相怪及，那卜有情也無情。請亞娘吃檳榔。〔旦上介〕〔丑〕亞娘，萬福。〔旦〕無人通提椅乞你坐。阮昨暮日使益春來共你説，你即故意力禮聘送來，是乜道理？〔丑〕前日使益春來共婆仔説，婆仔袂記得除，今事志都成了，請亞娘食一嘴檳榔。〔旦切介〕〔丑白〕請亞娘食檳榔，向切乜事？【得勝令】〔旦〕障般虔婆，可見無道理。〔丑〕婆仔共亞娘做媒人，也是好事，罵婆仔乜事？〔旦〕罵乞你去共林大現。〔丑〕林大官伊也是有錢的人。〔旦〕任伊有錢，我不願嫁乞伊。〔丑〕亞娘嫁不嫁覓一邊，力只番羅收起。〔旦〕番羅緊緊送去度伊。〔丑〕亞娘既不收伊人番羅，只樣好金釵收一雙戴（帶）。〔旦〕值人收只金釵，發狂（王）病。〔旦介〕〔丑〕我苦，天日，障般好敘甲人去屯❶除！〔丑〕林厝官人生得也親淺。〔旦〕你目睛盲。〔丑〕我目真真。〔丑〕我今勸你嫁乞伊。〔旦〕你向愛，力恁孜娘仔嫁乞伊。〔丑〕亞娘，伊句嫌阮村人。〔旦〕村人不通做人，都不通賣乞伊做奴。〔丑〕閑言野語莫來相欺。〔旦〕你做只親情，罪過（告）平天。〔丑〕伊人富貴，誰人值伊。〔旦〕富貴由天。〔丑〕富貴由天，姻緣由天。〔旦〕姻緣由己。〔丑〕姻緣都是五百年前注定。〔旦〕句敢來我面前説三四。〔丑〕我今勸你莫罵卜便宜。〔旦〕那罵你歡

❶ 屯：借音，義爲「踩踏」。

喜，打你只敢也。〔旦打介〕〔丑白〕我父，嘴血打流了。誰人知你障狗詐，障好親❶情不中你，了無人敢現。〔旦〕待我無人敢現，整使❷你討飯飼我。〔丑〕那畏你了，老人說，孜娘仔十八客，不嫁放石壓。〔旦〕叵耐只虔婆，可見無道理。〔丑〕婆仔共亞娘做媒人，無乜無道理。〔旦〕激(吉)得我心頭火發起。〔丑〕火發起莫得燒着婆仔。〔旦〕你障般怯嘴，雲久定討死。〔丑〕亞娘，我今旦也是好意，准不准，何故打罵婆仔。〔旦〕只說也是。 李婆，今即是我罵你幾句不着，也準是阮後生人喫飯句未❸，莫得着切我和你。〔丑笑介〕風颼過了，今即回(會)南。〔旦〕將只聘禮就送轉去。〔丑〕許亞娘許處坐，待婆仔就送轉去。〔旦〕你送去，我惜惜你。〔丑介〕小七亞！〔旦〕你叫小七乜事，我甲你送林厝去。〔丑〕乜亞，甲婆仔送林厝去？ 許婆仔不敢送去，婆仔食伊人若物了，做乜好送轉去！〔旦〕你那送轉去，我畏無物通乞你食？〔丑〕許食物都是無打緊，又收伊一雙赤赤金釵了。〔旦〕你力只禮聘送轉去還伊人，我打一雙金釵句可重伊人的乞你。〔丑〕亞娘，人叫禮聘不通送來送去，頭上仔愛袂飼得。〔旦打介〕〔丑介白〕我死，人那不送去，非打人送轉去。〔旦〕人那不嫁乞伊，井硬甲人❹嫁乞伊。【四邊静】〔丑上❺〕勸你莫得障拗性，忤逆父母無孝義。〔旦打介〕死虔婆你怯嘴毒舌，雲久定討死。〔丑〕金珠成大斗，都無媒人也袂走。〔旦〕任你嘴說蓮花，我也不聽些兒。 我心那不願，話說你卜記。〔丑〕你厝爹媽收了人聘

❶ 親：原疑脱，今補。
❷ 整使：不使。
❸ 句未：疑爲「句未多」，意爲「還不多」。
❹ 井硬甲人：怎樣硬叫人。
❺ 上：疑衍字。

定。〔旦〕聘定值時？　不在只處。〔丑〕任你千推萬托也着成。〔旦〕死虔婆你嘴説卜赢（營），每日早早阮厝來行。〔丑〕三日即行一返。〔旦〕三日即行一返？　動得我厝犬吠無聲。　金釵不送轉，打死你是定。　小七亞！〔丑〕亞公亞！〔旦〕你叫亞公乜事？〔丑〕你叫小七打我，我叫亞公來呵我。〔旦〕乞你叫亞公呵你。〔丑〕未成打死人。〔旦〕小七亞，死虔婆無理，共（在）我打一頓。〔净上〕亞娘，伊共亞娘做媒人，也是好事，打伊做乜？〔旦打丑介〕打一頓乞伊。〔净〕呵，甲伊共我做媒人，伊卜做一個九十三歲的度我。〔丑〕睛盲頭，你試打我看。〔旦〕打你，你告我不孝。〔旦介〕〔净白〕亞娘，捉倒還我打。〔旦丑打介〕〔外喝〕〔旦下〕〔净〔丑〕〕亞公，喝甲我打。〔外〕亞，小七禽獸仔無理。〔净下〕〔外〕媒姨請起。〔丑哭介〕【漿水令】五娘仔捉我打得障損，將只禮聘甲我送轉。捉我頭髻採落就土下頓，採得我老人頭都眩昏。　有乜事都是九郎。〔外〕媒姨你聽我再三相勸，只是我仔所見未長。　媒姨，且力頭髻修（收）理待光。〔丑〕將只禮聘送轉還伊。〔外〕只禮聘收卜落當。〔丑〕只檳榔都送去還伊。〔外〕只檳榔倆通送返？〔丑〕乞五娘打，我不切，乞許小七睛盲頭打一頓。〔外〕打你罪過都是我當。　不肖仔，匕匕，將無可睑。〔丑〕伊人有仔現畏無媳婦，只金釵送去還伊也罷。〔外〕小七過來。〔净上捧介〕〔外唱〕將只金釵收入去藏。〔丑（内）白〕睛盲頭。〔净捧介〕亞娘，許内大塊柴對目睭一擱都出火，亞公喝乞伊入去。〔外〕誰在許處？〔净〕誰在許處？〔介〕我射入❶去想，既送來不通送轉。〔丑〕害婆仔乞伊打一頓，那障煞除，也着叫出來教導（交道）一頓和婆仔。〔外〕我自然叫出來教導伊。　媒姨，請入内食些兒茶飯。〔丑〕婆仔乞人打了，乜面通入去食飯？　婆仔那障去。

❶ 射入：疑爲「閃入」。

男女婚姻愛落場，惡言惡語來相傷。　關門莫管窗外月，分付梅花自主張。❶

〔外〕媒姨，返去親姆面前，怯話千萬莫得説。〔丑〕亞公不須叮囑，婆仔曉得。〔下〕〔外〕益春，捉小七疋耳仔錢出來❷。〔貼〕小七，亞公叫。〔净〕哀哀，亞公亞公，説叫我屎肚痛。〔貼〕睛盲頭，亞公叫乜屎肚痛？〔净〕亞公叫，屎肚越即卜痛。〔笑介〕十種烏龜，我知了，亞娘今即甲我打媒姨，叫去是卜打我定了。〔貼〕好定是甲我疋耳仔錢出去。〔净〕十種，你錢我痛，我卜共亞娘説，打你。〔貼〕你乞我輕輕錢做様；不，亞公了❸打我。〔净〕乖乖。〔貼錢净介〕十種，你錢我痛，我卸(赦)你。〔貼〕你赦我乜事？〔净〕叫人竈口睏，來拖人。〔貼〕睛盲頭也店❹。〔貼下〕〔外白〕小七桌椅起。〔净白〕椅桌是卜點心。〔外〕益春，竹杯❺舉過來。〔貼介〕〔外白〕小七跪只處。〔净〕呵，亞公，莫急愛易老。〔外(净)〕小七，畜生跪許處。〔净〕那徛。〔外〕吼，净跪〕畜生，今旦林厝送聘是好日子，你捉媒姨打是乜道理？〔净〕亞公，小七不曾打伊，那是亞娘甲我捉頭毛落，踢伊幾下，無打。〔外〕畜生，踢伊倒許處，夭句無打！〔净〕亞公，莫打，打人痛痛。〔外〕禽獸，你後句敢不？〔净〕我後夭敢！〔外打〕畜生，起去，打恁打柴頭一般。〔净下〕〔外白〕叫亞媽出來。〔丑〕忤逆仔兒添煩惱。激(結)得我心頭火着。來亞，老的，今旦日好事好志，你只外頭打簡打兒。〔外〕你生得好仔，今旦林厝來下定，你仔使小七捉媒姨打一頓，也不存着大人面皮，是乜道理？　後去做倆共人説話？〔丑〕老的，

---

❶ 此四句似定場詩，但又不是放在終場，疑爲「潮泉二部」合刊本未徹底融合的痕迹。
❷ 捉小七疋耳仔錢出來：疑爲「把小七的耳朵揪出來」。以下多處「錢」字，皆借音字，作動詞。
❸ 了：會。
❹ 也店：疑爲乜咀。
❺ 杯：借音字。竹杯，非竹制杯子，而是打人的竹板。

好怯都是你做的，共我說乜事。〔外〕都是你只死虔婆承(乘)除仔兒，即會逞性。〔丑〕你做人父教訓仔兒，干我乜事？〔外〕死虔婆，你夭呾。論仔兒須識禮義，治家法各愛尊卑。爲人母合當教示，無家法都是老虔。〔丑〕五娘切必有蹺蹊(嶢崎)，嫌仔婿生得怯視(世)。〔外〕伊門不出，户不入，做乜識伊？〔丑〕因看燈親目看見，你做事不中仔意。〔外〕我做其事倆年都不中仔意，隨恁母仔去做。〔丑〕老的，我共你食七老八大，那有一仔。古人說得好：嫁女必勝吾家，娶婦必弱(辱)吾家。也着仔婿出人前。〔外〕伊厝世代富家，有錢。〔丑〕你向愛錢，甲恁查某仔去賣乞人。我那卜仔婿聰俊讀書，不愛不肖。有錢不肖的賭錢浪蕩，富貴豈可常保？仔是我生的，卜嫁着隨我。〔外〕今親情已(以)自成了。〔丑〕老的，親情是你做的，隨你去討一查某仔還人。〔外〕恁母子勢，隨你去做。〔外下〕爲人不知禮義，譬如牛馬襟裾(居)。〔丑(浄)〕譬老倒抬，仔婿不中我意，林大枉屈尋思。〔叫介〕益春，叫恁亞娘出來。【紅衲襖】〔旦上〕卜梳妝又無意，卜戴花粉畏八死，因着媒人搬挑說三四。〔丑〕乜向八死，有話只外來說。〔旦〕無狀林大，枉你費心機。〔丑〕賊婢仔，你不見古人說：男大當婚，女大當嫁。〔旦〕媽(匕)寬心性，親情覓一邊，是仔命怯通說乜？〔丑〕林厝伊人門户共恁相當，有乜不好處，賊婢仔命怯，伊人赤的是金，白的是銀，大缸白，小缸赤，那畏了無福氣(至)。〔旦〕女嫁男婚，莫論高低。媽(匕)都不見小學上說？〔丑〕小學上做倆說？〔旦〕婿苟賢矣，今雖貧賤，安知異日不富貴乎？苟爲不肖，今雖富貴，安知異日不貧賤乎？況兼(嫌)流薄之子，倆通力仔嫁乞伊，枉害除仔身。〔丑〕只斯文莫共我講，你去共你父講。〔旦〕媽(匕)不見俗人說：擇婿嫁女，擇師教子。〔丑〕伊人乜樣家緣(筵)世界。〔旦〕向般形狀，說乜家緣共世界。值見貧君餓殺某，值見富君造錢龍。〔丑〕賊婢仔，造錢龍艱難的，餓你頭着眩。你門不出，户不入，做乜曉得伊人怯？〔旦〕因看燈着伊人相攔截。〔丑〕生得可做倆樣？〔旦〕夭通說？〔丑〕說不畏。〔旦〕許人生不親像龜，也不親像鱉。〔丑〕不，親像乜？〔旦〕恰親像猴孫一般體。〔丑〕乜亞，親像猴？ 許不那親像，障返牽來弄的年？〔旦〕正是向生。〔丑〕夭向親像？ 賊婢仔，我不信。〔旦〕伊即不信親像都無二。〔丑〕只是你父貪人富，收人聘禮，好怯是你命討着。〔旦〕仔今棄死句可易。〔丑〕你卜死，我卜打乞你死。〔打介〕〔旦〕枉屈割吊，我心横提。 媽你那愛金釵，仔句有一思量。〔丑〕你有乜思量，説。〔旦〕媽你莫怪仔，仔便説。〔丑〕你共恁母平輩，你卜説，你母夭卜怪？〔旦〕不如力仔去賣（買），金釵句可多。〔丑打介〕〔旦〕井井年亂打乜事？〔丑〕好也，力一棰奪去除。〔丑咬介〕〔旦白〕乞你打死。【大迓鼓】〔丑〕賊婢仔你障性硬，忤逆父母，合該凌遲。不識人體例，男無重婚，女無再嫁。任你嘴説出蓮花，也着嫁乞伊。【前腔】〔旦〕窮富是仔命，任伊富貴，仔心不歡。郎君句無乜，何卜力仔嫁乞林大。媽（匕）果卜力仔嫁乞伊。情願出掃院觀。〔丑〕掃院觀磨人，不如嫁可好。〔旦〕剃落頭髮，去做尼姑甘受磨，我落得一身清净好名。〔丑〕烈女無你份。你只賊婢，我飼你拙大，生共死便都由我。〔旦〕林大賊冤家。若愛我共你做某婿，等待海水會乾石頭（埔）爛。〔丑〕定着嫁乞伊。〔旦〕叫未情。〔丑〕甲人扛去。〔旦〕我夭信？〔丑〕你不信，就卜甲你嫁乞伊。小七亞，去甲林厝人放轎來扛去除。〔旦〕媽卜迫要成親死不從。〔丑〕定教桃李向春風。〔旦〕若愛奴身配林大，情願將身投井中。〔下〕〔丑〕亞，只賊婢，起無好意。益春，你着關防伊。古人説：承仔不孝，承猪承狗上竈。〔並下〕

第十五齣　五娘投井

〔旦〕暗静開門輕聲啼，苦在心頭誰知機。五娘若還嫁林大，死去陰司再出世。阮爹媽無所見，力阮割林大，親爹媽生死不准阮，今不如將（終）身投落古井中去死除，也得一身清氣。不知門樓上，鼓打幾更了？

【四朝元】三更起來憶着那好啼。〔介〕見許井水悠悠，挈我心悲，無奈何來到只。阮卜（下）落井去死，〔介〕誰人得知，今不免將只弓鞋脱覔井邊，乞阮爹媽益春見鞋，即知落井去死了。脱落弓鞋下覔井邊，也準爲記。懊恨阮爹媽不從人意，姑得即來投井死。天亞！對天重發願，黄（王）氏五娘若嫁林厝，死去再出世。無狀林大，枉屈費心機。苦苦痛痛，但得拚去可便宜。【玉交枝】〔貼上〕聽勸〻無奈何，驚得我神魂都散。叵耐丁蠱（古）賊林大，枉屈打破你心肝。娘仔你心頭且放寬，天地報應賊林大。〔旦〕枉我〻出世，逆父逆母是乜道理。但得投水身死，不願共林大結親誼。是我命怯通説乜，去到黄泉地下可便宜。〔旦投介、貼抱〕益春放手。〔貼〕亞娘死了，甲簡卜看誰得是？〔旦〕我死了，自有亞公亞媽在。【五更子】我爹媽無所見，李婆搬挑説三四。我自拙日頭舉不起，做倆解得冤家身離。我看伊〻一形狀，恰是猴精。説着起來，挈我心悲。成就只姻緣，着再出世。〔貼〕亞娘不願林大的親，豈畏無計，肯送了千金身己。〔旦〕益春，你有乜計？〔貼〕簡自有一個道理，古人也有只體例。〔旦〕古人有乜體例？〔貼〕盧少（奴惜）春錦桃李情，力青梅做表記。恁今不免來學伊。〔旦〕伊是古人，恁倆學得伊？〔貼〕古今雖不同，世事都一般。〔旦〕六月值處討青梅？〔貼〕六月無青梅，都無荔枝？不也是一般道理。〔旦〕益春只話説是。古時有陳平相如，只二人棄楚歸漢，後來位至丞相。人盡稱説賢臣擇主而事，正是只年。〔貼〕亞娘，今暝正是十五暝，月光風静，待益春討一香案出來，亞娘當天拜告月内嫦娥，早乞燈下郎君來相見。想月老注定，推排定會成就。〔旦〕向説，益春你去討香案來。〔貼香介〕【望吾鄉】〔旦〕開向花陰，深拜祝太陰，盡將心事含哀告禀：乞賜好人來結姻親。免得冤家來相陣❶。燈下郎君，早來見面。愛結姻親，必須投(捉)告恁。卜脱林大姻親，必須着投告恁。暗静花前祝太陰，更深寂静夜沉沉。〔貼〕心事不須重祝訴，嫦娥與我是知心。【水車歌】〔旦〕只姻緣都是天時注定，阮爹媽朦昧做只親情。〔貼〕勸娘仔把定心情，不信月老推排無定。但願天地催(摧)遷靈聖，乞許林大促命❷，姻緣不成。〔旦〕自燈下見有情，惹我思想腸肝寸痛。伊去在值？不見形影，枉割吊費我心情。【尾聲】簡勸娘仔心把定，終久對着好人情，同床同枕即相慶。〔貼〕亞娘，事志做未成，不通乞亞公亞媽知。

爹媽惜仔如惜金，那因不從仔兒心。緣分終久有日到，莫得見短送金身。

第十六齣　伯卿游馬

〔生净唱〕鷄啼頭聲便起程匕匕。〔净〕馬來。猿啼鳥叫得人驚，匕匕。做緊打馬過前程。相隨伴，莫拆散，到驛遞心即安。〔又〕溪水流過只西橋匕匕，馬來。杜鵑鳥枝頭連聲叫匕匕，早風送我過山腰。杏花店，賣酒漿，前頭去，也着各思量。〔生白〕只處正是值處？〔净外白〕只處正是潮州城。〔生〕且喜得到潮州城匕匕，城内軍馬得人驚，匕匕。彈瑟吹簫實好聽。馬牽起放脚行，別處好不如潮州城匕匕。〔生净外下〕〔生〕

❶ 相陣：疑爲相撻，指强迫婚姻，或造成障礙。
❷ 促命：短命。促讀「測」音。下同。

【望吾鄉】恁今三人轉來潮城，因勢收拾便起程。只去過山共過嶺，三人心腹卜相疼（痛）。但願只去托天靈聖，保庇三人來到潮州城。【金錢花】日落西山是暝昏，前村犬吠人關門。幾番思量心去遠，路頭長，行來脚手軟。挨倚行，行來到暝昏。〔並下〕

第十七齣　登樓抛荔

【駿（後）甲馬】〔旦貼上樓〕高樓托起碧紗窗，風送蓮花分（雲）外香。牽開樓門倚窗望，不見燈下賞燈人。【大河蟹】高樓上，南風❶冷微微。不用撥紗扇，手倚欄杆（琅玕）無熱氣。風送百花，自有清香味。到晚來，新月上，掛在許天邊。真個趁人心，挈人心歡喜。〔貼〕簡勸娘仔莫心悲，且來消遣食荔枝。對景傷情卜做乜，夫唱婦隨將有時。荔枝清香甜如蜜匕匕，娘仔輕輕摘（拆）一枝，壓一枝，真個挈人心歡喜。〔内唱〕嗹柳喰，喰柳嗹，嗹亞柳嗹喰，柳嗹亞柳喰嗹。〔貼〕亞娘，益春記得，古時千金小姐同梅香在彩樓上，力綉球投❷着吕蒙正，後去夫妻成雙。亞娘，今不免將手帕包荔枝，祝告天地，待（侍）許燈下郎君只處過，投落乞伊拾去，後去姻（如）緣决會成就。〔旦〕益春，你只話説，正合我意，恐畏投着别人。〔貼〕有緣千里來相見，無緣對面不相逢。〔旦〕記得元宵時，燈下郎君乜標致。古人一話真通記，我邀伊若卜有緣，匕匕。〔貼〕不問千里終相見。〔旦〕阮邀伊若卜無緣。〔貼〕無緣對面拆二邊。〔内唱〕嗹柳喰，喰柳嗹，嗹亞柳嗹喰，柳嗹亞柳，柳喰

❶ 風：疑脱，酌補。
❷ 投：原本作挨，音善，無投義。今正。下同。

嗹。〔貼〕前頭官人乜貴氣，身騎寶馬緑羅衣，少年郎君少年時。〔生外净上，唱〕〔潮腔〕今旦日出遊街，人物十分多。馬來。好馬又含衰❶，正是風流世界。高樓上似觀音人物，都在珠簾底。也有珠冠鳳髻連金釵，年當正十七八。〔旦貼〕日照紗窗花影移，見一官人游過只樓邊。身騎寶馬穿羅衣，堂堂相貌，眉分八字。許人物生得甚伶(憐)俐，來來去去游賞街市，咱(恁)乜路即來對着伊。〔生净外上〕馬來。只處正是後溝鄉里，高樓起在路邊。二個娘仔閃在樓邊，生得十分爽利，挈我心内暗歡喜。〔净介〕馬來。馬牽來去，人看都佃。許人生得甚伶俐，來來去去，游賞花枝。且趁風流，莫負少年時。〔生下〕〔旦唱〕幸逢六月時光，荔枝樹尾正紅，匕匕。可惜親淺手内捧，願你做月下人，莫負只姻緣。〔生外净馬上唱〕【金錢花】高樓起在大路墘(乾)，二個娘仔避覓窗邊。生得親淺十分爽利，目看我笑微微。畫觀音，不值(搭)伊。請官人，游街市。〔又唱〕且喜來到潮州城匕匕，人物打扮乜齊整。樓上娘仔舉目看，馬牽帶，慢脚行，實是好錦妝成。〔旦貼〕恰即得桃憶着伊，忽然樓上看見匕匕，春心惹動先有意。益春亞，馬上一位官人停馬看咱，不免將荔枝投落乞伊。〔旦投介下〕〔生〕安童，看許樓上娘仔投乜落來？〔净〕都無乜。〔生〕禽獸，拾起來我看。〔净介❷〕〔生〕元來是一條手帕包一個荔枝。安童，看樓上娘仔落去未？〔净〕落去了。〔生〕樓上娘仔有真意匕匕。〔净唱〕見阮官人生得中意❸匕匕，心内發興投荔枝。〔生❹〕未知伊人是倆年，將只荔枝收起做表記，咱且來去設一

❶ 含衰：疑爲「含蜥」。
❷ 介：原脱，今補。
❸ 意：疑脱，今補。
❹ 生：原脱，今補。

計智。〔又唱〕今旦騎馬過只樓西，伊力荔枝便（備）投落來。不是鳥啄枝折，風打落來。伊今關門落樓去，惹得我悶如江海。恨不生翼飛入伊房内，結托恩愛。許時節，即趁我心懷。【耍孩兒】嫦娥伊在廣寒宫，心思想、步難進。着伊割吊，悶悶心憂心悄悄。袂説得天催冤家來相賸（陣），無媒人袂得見伊面。共伊結托，海誓山盟。安童，只潮州有咱泉州人只處無？〔净〕安童記得究（句）有一李公在只潮州磨鏡。〔生〕向説，不免來去借問伊端的。

今旦騎馬過樓西，不料佳人古記❶來。但願荔枝成配合，早結鸞鳳下瑶臺。

第十八齣　陳三學磨鏡

【風入松】〔生〕來到潮州看景致，樓上娘仔投落荔枝。挈（蔡）我心内暗歡喜，願姻緣共伊相見。投告天地相保庇，願姻緣早早團圓。着伊割吊暗沉吟，樂毅未得逢知音。恰是人破燈心草，力伊有心做無心。【北上小樓】〔唱〕私情事志掛人心，眠邊夢内思想。記得當初張珙共鶯鶯有情，張珙袂得入頭時，假意借書房西廂下讀書。假意西廂下讀書，伊暝日費盡心神。記得少春袂得錦桃娘仔着，假意賣果子入頭，力玉盞打破除，姻緣即得成雙。看伊萬般計較，力玉盞打破賣身。伯卿着伊割吊，若卜學只二人的所行，也無乜下賤。若得共伊姻緣就，阮情願甘心學恁。恐畏伊一時作笑，忽（弗）然投落荔枝，枉我只處暝日割吊。那卜是作笑（稍），也無手帕投落來。坐來思量暗沉吟，也恐畏一時作笑，一時作笑有乜憑。今不免請得李老公出來，

❶ 古記：疑爲「信物」。順治本作「力只荔枝做古記」。

共伊思量。〔浄〕入門莫問心頭事，看人容顔便得知。〔見介〕〔生白〕李公，我昨暮日去到西門外西邊，有一大樓，正是乜人厝的？〔浄〕許正是後溝黄九郎的。〔生〕伊厝有乜人？〔浄〕伊厝有一孜娘仔，名叫五娘，生得十分姿色。〔生〕曾(情)對親未？〔浄〕老的見説定永豐倉林長者厝。〔生〕可曾娶過門未？❶〔生〕來，李公，你是我鄉里，我不敢瞞你，我昨暮日騎馬在伊樓下過，伊力手帕包荔枝投落來，乞我拾來。〔浄〕恐是錯(操)手。〔生〕手帕上句綉有四個大字：宿世姻緣，只也不是錯手。【望吾鄉】李公聽我説起理，那因騎馬遊街市，樓上娘仔投落荔枝。思量無路得見伊，行徑是真意，全望公公乜計智。〔浄〕官人聽我説因依，伊人是長者人仔兒。親情對在林厝了，有銀也不得共伊争。須着學古人例，到尾了終會團圓。〔貼上〕【駿甲馬】寶鏡拙時上塵埃(挨)，阮娘仔畏去傍妝臺。迢遞❷專意使我來請，請卜李公到厝來乚乚。〔見介〕李公，阮亞娘叫寶鏡拙時上塵埃，因何不見李公來？〔浄〕你不知我拙時腰痛，都袂出來，明日甲我師仔來磨。〔貼〕向説，明旦甲伓師仔放早來磨。〔浄〕要請你食檳榔，有客在内不便。〔貼〕寶鏡拙時暗不光，照人顔色面青黄。諸般藥料都齊到，撥開雲霧貌十全。〔貼下〕〔生白〕李公，今即是誰厝簡仔來？〔浄〕只正是後溝黄九郎公五娘仔飼的簡，名叫益春。伊娘有一個照身寶鏡，一月磨一遭。我今有一月不去了，亞娘使益春來請我明旦伊厝去磨。〔生〕李公，古人説：踏破草鞋無處討，算來全不費工夫。既是五娘使益春請你磨鏡，李公教小人，待小人去伊厝磨，娘仔一定出來相見。〔浄〕磨鏡是賤藝，三爹你做乜肯學伊？〔生〕古人説：好者不痛。你那教得我會，我將這錦襖共白馬盡送謝你。〔浄〕許也不敢收，等待姻緣成就，送三爹回去。〔生〕多

❶ 此處疑脱「〔浄〕未娶過門」。

❷ 迢遞：特地。下同。

謝李公好意。〔浄〕只處也不好教，三爹必須着只内去。〔生〕李公説是。

磨鏡須要心專，勸你寛心耐（奈）煩。人説道路各別，果然養家一般。

第十九齣 打破寶鏡

【駿甲馬】〔生上〕脱落衣裳挑鏡擔，肩頭不識掛擔也着挑。我是官員有蔭仔。嗦，磨鏡乞人叫陳三。只處正是黄厝。來到黄厝日斜西。磨鏡，磨鏡！不知内頭知不知？我是泉州磨鏡客，娘仔那卜磨鏡請出來。〔貼上介唱〕聽見外頭鐵板聲，娘仔使簡出來聽。〔生〕磨鏡，磨鏡！〔貼走介唱〕因乜有一位磨鏡客，生得人物乜齊整。〔生〕小妹拜揖。〔貼〕人客，恁會磨鏡？〔生〕小客見説恁府上有一鏡卜磨，望小姐抬舉。〔貼〕阮厝是有一鏡卜磨，那是阮鏡有主客。〔生〕主客正是誰？〔貼〕正是泉州李公。〔生〕李公正是阮師父。〔貼〕乜亞，李公是恁師父？〔介〕好添（忝）一師仔。〔笑介〕〔生白〕小姐笑小人做乜？〔貼〕我見你親像一人。〔生〕親像乜人？〔貼〕不知便罷，向問乜事！〔生〕小姐，你問看恁娘仔卜磨鏡不？〔貼介〕亞娘，一儕（臍）仔❶只外卜磨鏡。〔旦〕是生分人，熟事人？〔貼〕是生分人。〔旦〕待我來。【皂羅袍】早起日上花弄影，卜做針綫無心情。聽見乜人叫磨鏡。〔生〕磨鏡，磨鏡。聲聲叫得是好聽。〔生見旦介〕娘仔拜揖。〔旦〕好一風流人物，生得各様齊整。益春，恁前日樓前見許馬上一位官人，好親像這人。〔貼〕簡也見面熟。〔旦〕疑是許馬上官人，想伊不來磨鏡。〔貼〕那卜是，通認伊。〔旦〕不是。人有相似，恐畏認錯（挨）。〔旦

❶ 儕（臍）仔：崽仔。下同。

下〕益春，只人生分，未知手段佴樣，甲伊去，無乞伊磨。〔貼〕人客，叫你障生分，未知手段佴樣，甲恁去，無乞你磨。〔生〕小妹，你去共恁娘仔說，熟人也是生人做。阮功（工）夫那不好，也不敢恁府上來。〔貼〕亞娘，這一人客即是會呾話。〔旦〕做佴說？〔貼〕叫熟人也是生人做，叫伊功夫那不好，也不敢你府上來。〔旦〕只說也是，問看伊厝住值處？〔貼〕人客，叫恁厝住在值處？〔生〕小姐聽說。【好姐姐】小姐聽我說起，我也是好人仔兒。厝住泉州，陳三是小人名字。學磨鏡，泉州磨落潮州城。幸然小妹相雇（顧）倩。〔旦內白〕益春，抱乞伊磨。〔貼介〕手捧寶鏡出外廳。小心磨卜待分明。亞娘，看伊未是磨鏡客，工錢共伊斷卜定。〔旦〕只說也是，問看伊只一鏡卜若工錢？〔貼〕叫恁磨只一鏡，卜若工錢？〔生〕小妹，你去共恁娘仔說，叫功夫那中恁娘仔，想恁娘仔二三分銀也不論（侖）。〔貼〕那卜不中阮娘仔是年？〔生〕那卜不中恁娘仔，小客一厘銀也不敢收。〔貼〕亞娘，許一人即是會呾話，叫伊功夫那中娘仔，想娘仔二三分銀也不論。〔旦〕向說，抱乞伊磨。〔貼〕鏡乞恁磨。〔生〕討水來。〔貼討水上，介〕人客，恁師父磨鏡，都會唱歌。恁會唱歌袂年？〔生〕歌阮也會唱。〔貼〕既那會唱，起動恁唱。〔生〕〔唱介〕磨鏡功夫未是低，後生人愛學這工藝。〔貼〕只歌莫唱。〔生〕做乜莫唱？〔貼〕許個阮識。〔生〕天恁都識。〔貼〕許的你師父常唱。〔生〕只是阮師父親傳乞阮的。〔貼〕今看有乜新歌，唱一段來聽聽。〔生〕新歌阮也會唱。〔貼〕既那會唱，唱一段來聽。〔生〕壯節丈夫誰得知，願學温嶠下玉鏡臺。〔生介〕〔貼介〕亞娘，一儕仔即會唱歌，出來去聽。〔旦內白〕不得做聲，待伊罔唱。〔貼〕人客，恁歌唱被❶唱，又宿除做乜？〔生〕都無人來聽。〔貼〕你罔唱，阮有人來聽。〔生〕壯節丈夫誰得知，願學温嶠下玉鏡臺。〔貼介〕〔旦聽介〕〔生唱〕劉晨（神）阮肇誤（悟）入天臺，神女嫦娥

❶ 被：原本多處用被、彼、備、未作爲副詞，應作「便」或「就」爲是。下同。

照見在目前。〔旦下〕〔貼白〕人客，拙好聽，不未各唱一段。〔生看介〕〔旦閃介〕誰料今旦到只蓬萊，楚襄王朝雲暮雨夢到陽臺。〔生〕小妹既那愛聽，小人各唱。隱諱（翰徽）埋名，假作張生。〔貼介〕〔旦上〕輕身下賤，拜託紅娘。即會合崔府鶯鶯，有緣千里終結姻親。〔生看，旦走下，貼白〕一人教❶怯目神。〔生〕月老紅絲，也要冰人。天邊有路，也卜同枕共眠。〔貼〕人客，恁那辛苦，歇困，慢慢磨。〔貼下〕〔生白〕伯卿今旦落盡面皮，幸然得見娘仔。今只鏡卜抱還伊去，想日後無路得入頭。我今得當初盧少春打破玉盞，後來夫（去）妻成就。不免將這鏡來打破。〔貼〕人客，茶請你。〔生〕只茶是乜人使你捧來？〔貼〕一人客教好笑，恁見有茶罔食，向問乜事？〔生〕人情有所歸。〔貼〕是我亞娘使阮討來請你。〔生〕再三感謝。〔貼〕食亞，莫延場，人叫恁會唱歌，即（那）請恁，不恁愛食不？〔生〕不疑（宜）來都無物通壓鍾。〔貼〕恁泉州人那嘴呾便是。〔貼下〕〔生白〕不免力只鏡來打破。【剔銀燈】心迷亂、憂憂着驚，只事志思量都未情❷。將錯力鏡來打破，細思量獨自着驚。投告天地有靈聖，保庇我姻緣早早圓（員）成。〔生介，破鏡〕❸〔貼〕人客，鏡磨光未？〔生〕只鏡磨光了，請你亞娘出來接鏡。〔貼〕一人客教好笑，想見阮亞娘肯出來共恁接鏡。〔生〕了不好算工錢還小人。〔貼〕好井肯賒你的？〔生〕既是障說，交付小妹。〔貼〕度阮。〔生〕今年先生共我看命，說我造化十分下，你莫打破來賴我。〔貼惱介白〕不使你向閑煩惱，度我。〔貼接介〕〔生白〕你乜鏡接過打破除。〔貼〕鏡未曾過我手，故意放落地打破除，帶累我做乜事？〔生〕鏡是小妹你打破。〔貼〕斬頭，你卜死緊！

❶ 教：作較、可解。下同。
❷ 未情：未曾或未成。下同。
❸ 原本「破鏡」兩字漫漶無法確認。

【剔銀燈】你力寶鏡那做戲耍，故意力鏡打破。想你不是磨鏡脚手是定，專打嘴鼓弄牙説通聽。〔生執貼〕〔貼唱〕鏡未分明，你且徛定。不帶着你好頭好面，打死你是定。〔生唱〕打死我是恁罪過（坐告），馬有四脚也會着跋。二邊也都準落蝕，一人着蝕一半。陳三功夫錢不討，也準在娘仔恁空磨。〔貼介〕亞娘，泉州儕仔力你鏡打破除。〔旦上介〕我苦了，一鏡障好去打破除，做佴説？〔生〕鏡是你簡仔打破。〔旦〕斬頭，你卜死緊！益春，你許内叫亞公出來。〔旦下〕〔生〕不免收拾來去。〔貼〕你卜值去？要久衫仔了也剥你的。〔外上〕障吵鬧正是爲乜，磨一鏡值（直）一乜錢？三錢二錢算還伊，何卜討小輩人平宜。〔貼〕泉州儕仔力恁鏡打破除。〔外〕做佴説？力咱鏡打破除，今在值？〔貼〕在許廳前。〔外見生介〕〔外白〕來也，漢子，你因乜力我鏡打破除，是乜道理？〔生〕好説九郎得知，只鏡是小人磨光了，交過恁簡仔手，是恁簡仔打破，共小人無干。〔外〕那卜（莫）是阮簡仔打破，共你無干。〔生〕正是。〔外〕益春，磨鏡人説叫只鏡都是你打破，共伊無干。❶〔外〕賊畜生，好生無理，打破了做佴得詰（變）！益春，你是孜娘簡仔，無奈伊何，叫得小七出來。〔净上介〕〔外白〕小七，泉州儕仔磨鏡，力恁亞娘鏡打破除。〔净〕泉州儕仔力恁亞娘鏡打破，叫烏龜十種打破除。好，許鏡會做怪，早起小七行許處過，公然許内有一人親像小七。〔外〕畜生，許正是鏡光照見人形影。〔净〕今泉州儕仔值（在）處去了？〔外〕在許廳邊。〔净〕烏龜，你佴年卜打破阮鏡？〔生〕只鏡我磨光了，交付恁益春失手打破除，共我無干。〔净〕我想也那是只查某仔打破。〔外〕那卜是益春打破，叫益春出來。〔净〕益春，你只查某仔，那是你打破，你便認去，不得虧人；存你明旦生仔，莫藏許尿蟹❷内飼（嗣）。

---

❶ 此處似缺〔貼〕的回應。

❷ 尿蟹：疑爲尿鱉，即尿壺。

〔貼〕睛盲頭，鏡是伊打破。〔浄〕亞公，叫不是伊打破，叫是泉州人打破。【歌蛾】〔外〕看你乜大膽，敢力我鏡打破。我鏡惜未識飽，算來乜般樣造化。小七。搜伊籠内，看伊乜通賠(陪)我。算起莫得做寬，看你一場乜合煞(殺)。〔浄〕烏龜十種夭相詰❶，二目恰是相拿電❷。只籠内空無一乜，一個布袋帕有二三升米。椅仔四脚，十籠四耳值乜錢，有乜通賠得咱鏡起。〔浄〕亞公，泉州儕仔十九伊有銀不賠恁，着打一頓乞伊。〔外〕你去打一頓乞伊。〔浄〕大槌打，打到伊着死。泉州儕仔八步❸〔介〕我畏打死了，亞公着還命。〔外〕前年教你的步，你都記不得？〔浄〕是亞，我都袂記得。上路教師句教我一步訣，地方打死了，亞公着還命。〔浄〕大槌打，打你着死。〔生外介〕〔浄白〕泉州儕仔八步是活脚，亞公你是死脚，打不知走。〔生〕九郎且寬心，無物通賠恁。是我一時誤，到今旦話説袂(無)盡。舉目(日)又無親，無計較，情願着賣身。到只處但得着認，將身賠你去使用。來，小七兄，我有一錢銀，只處乞你買物食。你去共亞公説，叫我今無銀通賠恁，情願將身寫賠恁亞公。〔浄〕你卜共阮亞公食，阮亞公愛打人獅。〔介〕亞公，泉州儕仔説，伊艱難無路，即學磨鏡。一時失操，將(甲)你鏡打破除。今無物通賠恁，托小七共亞公咀，卜共亞公食。〔外〕飼伊卜做乜用？〔浄〕亞公，你老了，通替亞公你做種也好。〔外〕畜生莫茹咀，來亞，漢子，你三年除食外，趁有若銀？〔生〕小人一年除食使用外，趁有五兩銀。〔外〕我只鏡本當值三十兩銀，今着你打破，一人蝕一半，你賠我十五兩，三年三五十五兩，你立三年工雇文字。日子満了，便乞你返去。〔生〕從亞公算。〔浄〕亞公，亞媽許内不准叫

---

❶ 相詰：原作相箭，義争辯，今正。下同。
❷ 相拿電：厮爁霅，指如閃電。
❸ 八步：懂拳頭步數。

許泉州人兆旱❶，明旦放一厝泉州仔還恁。〔外〕莫茹呾，我看粗重工程你袂去，那權且共我掃厝看花。〔外〕小七，你引陳三只書院内去寫文字。

打破寶鏡受虧傷，等看尾梢（稍）做佣様。一柄掃帚交付與，厝那不净你身上。

第二十齣　祝告嫦娥

【七娘子】〔旦〕六月天氣困迍，春卜返去越自心悶。〔貼〕好花因着風雨滚，月光風静天色無雲。〔旦〕荳蔻梢頭春意闌，風満前山，雨満前山。杜鵑啼血五更残。花不禁寒，人不禁寒。〔貼〕離合悲歡事幾（己）般，離有悲歡，合有悲歡。別時容易見時難，怕唱陽關，莫唱陽關。【傍妝臺】〔旦〕思量起，恨阮命薄通説乜。又恨月老不公平，好姻緣值去不來相見。怯緣分來相纏，阮甘孤單守獨自。〔貼〕亞娘，拙久顔色青空，抹些兒粉，點（掞）些胭脂。〔旦〕我畏去抹粉襯胭脂，紅顔薄命只正是。〔貼〕娘仔且聽簡勸諭，恨無好話説幾句，張珙鶯鶯情相遇。姻緣都是天注定，想姻緣定不相負，枉割吊萬金身軀。無狀林大，莫枉尋思，好緣分須着待久。〔旦〕益春，你句記得正月十五暝袂？〔貼〕簡句略記（計）得。【望吾鄉】〔旦〕記得正月十五日暝，燈光月團圓。〔貼〕簡記得燈下有一位官人，生得十分親淺。娘仔若卜對着許一位官人，天生一對夫妻。〔旦〕燈下郎君早來相見，好姻緣願百年。〔介〕我眠夢内憶着伊，冤家冤家，心神着你障牽纏。〔貼〕亞娘，既然憶着許燈下官人，今暝月光風静，待簡共亞娘對月娘拜告，催遷早來相見。〔旦〕益春亞，知得伊人會來相見亞

❶ 兆旱：義難解。疑爲靠近或出入。

不。〔貼〕，娘仔亞，姻緣都是天注定，月老定會推排。【漿水令】〔旦〕告嫦娥乞聽説起，恨阮命運行來不是。對怯緣分心頭悲，算來都是前生前世。〔合〕但願得匕匕林大早脱身離，許時節蓮花再生。〔貼〕元宵燈下，見一位郎君標致。又來樓前，投落手帕荔枝。〔合〕但願得匕匕早來相見，許時節匕匕拜謝月姊。【尾聲】二人專心又專意，但願月娘相保庇，枯樹逢春再發枝。

相共得桃更深，返去無通可眠。心事不須祝訴，嫦娥與我知心。

第二十一齣　陳三掃廳

〔生〕深潭若莫無金鯉，誰肯只處下鈎鈎。伯卿當初錦襖換鏡擔，誰知今旦鏡擔換掃帚。只是自作自當通説乜。【一封書】秋風起，雁南飛，手舉掃帚珠泪垂。到今旦乜受虧，致惹一身乜受累。我是官員有蔭仔，今到只處卜看誰？娘仔你在綉房内，我在只廳邊身無歸。死到陰司，共恁相隨。【駐雲飛】〔潮腔〕綉廳清趣，四邊粉白無塵埃。好畫掛二畔，花香挈人愛。嗏，珠簾五色彩，錦屏在綉廳前，阮處門風更强恁所在。我那不實説，娘仔總不知。〔又唱〕費盡心機，恨我一身做奴婢。受盡人輕棄，不得近伊邊。嗏，看見娘仔在綉廳邊，伊許處抹粉點（掞）胭脂。不記得樓前時，今旦反（返）面力阮做障棄。〔唱〕伊今做呆，是乜心意許處傍妝臺。我只處心悶如江海，未知娘仔你知不知？嗏，你今目高不瞅睬（秋採），誤我做只事。我厝威儀，我兄做運使。今旦不説，娘仔總不知。【誤佳期】〔旦〕賊奴你閑做聲，攪得我無心對菱花鏡。叵耐賊陳三，敢來我只綉房口閑行。〔生〕小人初來，做乜得知娘仔只綉房口無乞人行。〔旦〕你目看值去？〔生〕小人目那看地下去。〔旦〕你做緊行開，誰人親像你大膽。〔生〕小人在厝也是富貴人仔，那是今旦暫時落薄。〔旦〕説你富貴，因乜卜來磨鏡？❶〔生〕娘仔可曾(情)見小人磨鏡也不？〔旦〕你現磨鏡，夭句相諠。我曉得了，原磨鏡，今陞上掃厝，是陞高了。〔生〕好一位娘仔，可惜無慧(横)眼，看小人障行來，親像磨鏡人也不？都不記得許投荔枝時。〔旦〕你都現磨鏡，夭句相諠。你做障行來，天説你是官蔭人仔。嗦，你那是泉州白賊仔。〔生〕娘仔，好人乞怯人帶利❷。〔旦〕你句敢我面前説謊(哄)乞我聽。陳三你再後掃厝，不許掃我只綉房口來。益春亞，陳三掃厝，掃我只綉房口來。你去罵一頓乞伊，甲伊行開去。〔貼〕叵耐腌臢(淹潛)三哥(歌)。人前背後，説盡零落。厝天不掃，腌臢滿處。又牽連乜荔枝，説盡零落。將身賠阮，有乜財寶。白賊咀，哄兄有官做。益春見你模樣，曉得有共無。〔生〕小妹我説乞你聽，我也是官蔭人仔。那因恁娘仔投落荔枝，打破你鏡，即來恁厝來行。煩動小妹，可憐我人情。❸〔貼〕小妹只話，倆敢説乞伊聽。阮娘仔伊是乜？〔生〕伊是人。〔貼〕伊不是人。〔生〕是乜？〔貼〕阮娘仔伊是月内桂花樹，任那風擺伊不斜。那從今旦分付定，再後不許後廳行。〔貼下〕〔生唱〕【縷縷金】我爲你受盡氣，黄五娘你可無行止。袂記得七七高樓上，是你親手投落荔枝。今旦反面不提起，我死到陰司，冤魂卜共你相纏。〔並下〕

我本是官家子弟，因爲風流做奴婢。今日虧心不認我，當初何必抛荔枝。

❶ 弦管曲詞有「綉廳清彩」可參照。
❷ 帶利：上齣用「帶累」，即受人連累。下同。
❸ 弦管曲詞有「小妹聽」可參照。

第二十二齣　梳妝意懶

【黃鶯兒】〔潮腔〕〔貼唱〕早起落床，盡日那在内頭轉，安排掃厝點茶湯。終日聽候不敢去遠，聽見叫簡，心都悵，忙捧檢妝。安排待便，請阮娘仔梳妝。菱花鏡抱來，乞娘照面眉。世間人妍媸，一鏡便(備)都知。請娘梳妝。〔旦〕樓前人去隔仙洲(舟)，鳳去臺空泪自流。雲鬢欹斜無心整，一日不見如三秋。【傍妝臺】〔旦〕鏡在臺中，頭髻欹斜懶梳妝。照見我雙目瞈，照見我顏色瘦青黃。憶着馬上郎，未知伊今值一方？我只處，長目瞈，拙時爲伊割吊，菱花鏡無心去瞈。〔貼〕檢妝待簡愁卜正，娘仔强企捍身命。看起來，有十成，句少一人共娘仔你畫眉額。簡勸娘心把定，緣分終久有日成。請亞娘梳妝。【望吾鄉】〔旦〕困迍無意點胭脂，仔細思量那好啼。〔貼〕爹媽生恁如花似錦，苦切乜事？〔旦〕恨爹媽力阮主對林大鼻。〔貼〕林官人伊人句有錢。〔旦〕任伊錢糧平半天。〔貼〕林大官人伊人句有田地。〔旦〕卜許田地卜做乜？你明知我心悶，即來説話弄我。〔貼〕亞娘，人那卜生得怯視，卜許田也無用。比簡看起來，林官人也不值(荅)咱厝飼的。〔旦〕鬼仔，咱厝飼的，值個句爽利？〔貼〕林大卜比陳三，林大不值一文錢。❶〔旦〕賊婢，都不見書上説。〔貼〕書上可做倆説？〔旦〕鸚鵡能言争似鳳，蜘蛛雖巧不如蠶。力檢妝收去，去捧水來乞我洗面。〔貼下〕〔生白〕盆圓(員)則水圓，盆方則水方。〔生〕小妹，你捧水卜做乜？〔貼〕只水捧卜乞阮亞娘洗面。〔生〕待阮替小妹你捧去。〔生接水下〕〔貼白〕你向愛伏侍人，你卜捧去，不畏阮亞娘仔罵你。〔貼下〕〔生介〕【縷縷

❶ 弦管曲詞有「無意點胭脂」可參照。

金】〔生〕捧盆水，上綉廳。心内半歡喜，一半着驚。辛苦在心内，都不敢吅。人情有千般，伊都不念半聲，匕匕。〔旦叫貼介〕〔貼上〕〔貼〕是陳三。〔旦〕你只鬼仔，我甲你捧湯來度我洗面，你度陳三捧來乜事？〔貼〕亞娘使簡去捧湯，遇着亞媽使簡除。〔旦〕亞媽使你乜事？〔貼〕使簡去看茶，簡畏亞娘卜水緊，是簡使陳三捧來。〔旦〕你只鬼仔卜死，緊將湯接過來還我洗面。〔生〕那待阮捧。〔貼〕阮愛笑人。〔生〕着乞你笑。〔貼〕好衰。〔生〕乜通衰？〔旦洗面介，生看〕益春，我只處洗面，陳三許處徛乜事？〔貼〕阮亞娘卜洗面，甲你行開去。〔生〕恁亞娘卜洗面，都是獨自，簡兒只處聽候。〔旦〕賊奴，人卜洗面，誰卜你聽候？走。〔生下介，又上看介〕〔旦白〕益春，我只處洗面，誰許處看？〔貼〕是陳三。〔旦〕賊奴，我只處洗面，伊敢許處看。益春，將只水假意不知對面潑乞伊走。〔貼〕亞娘，只盆水拙滿，潑伊人都不畏了冷伊人。〔旦〕隨你去禮約。〔貼〕簡不敢潑，伊了罵簡。〔旦〕賊婢，不使（彼）減到二個。〔貼〕亞娘拙痛伊，莫得潑伊。〔旦貼同潑〕〔生〕是誰是誰，力我一身潑得障濕（温）。〔貼〕誰人知你在許處坐？〔生〕小妹好無分曉。〔貼〕誰人甲你許處看人。【紅衲襖】〔生〕仔細思量只一事，陳三曉得了。都是恁二人做出來。〔貼〕水便是阮錯手潑着，恁帶利阮亞娘乜事？ 亞娘卜知，剃你鬢水。〔生〕恁亞娘未是待詔❶。〔貼〕你天句吅。〔生〕心頭暗切有誰知，誰料陳三做奴乞人使。〔貼〕使你也是輕工課，未是重工程。〔生〕雖是輕工課，小妹你肯乞人使？〔貼〕做簡都着乞人使。〔生〕受盡人磨汰（抬），好怯我也知。〔貼〕既然知阮心意，阮卜入去。〔生〕小妹亞，阮共你話説都未了離（理），便卜入去？〔貼〕阮只心内意，恁都知了，阮卜入去。〔生〕潑今潑了，我也不敢怪你。〔貼〕

❶ 待詔：理髮師。

你那怪阮便是呆。〔生〕雖然水潑我身，陳三終會出人前。〔旦內叫介〕益春亞，我只內卜使你，你在許外乜事？〔貼〕是簡一盆水錯手潑着陳三，陳三只外力簡乜都罵除。〔旦〕我想陳三也未敢罵你。〔貼〕天敢連亞娘也都罵除。〔旦〕天都連我乜都罵，待我來。陳三，水便是益春錯手潑着，你罵阮乜事？〔生〕小人做乜敢罵娘仔？【紅衲襖】〔旦〕死賊奴乜大膽，我只處洗面天敢看。〔介〕看伊模(誣)樣，在我心內不敢咀。〔生〕小人只模樣，做乜不敢咀？〔旦〕陳三，我只處咀話，共你乜干？走！〔生介〕〔貼白〕簡見陳三都親像有一人年。〔旦〕親像馬上官人都一般。〔介〕卜認又不敢。〔貼〕既然障說，恁便來去認伊。〔旦〕認來又畏差(×)。〔生〕經過娘仔目認，小人也不差。〔旦介〕〔貼白〕阮娘仔乞你説得無意思(恕)，天不走許處徛！〔生〕恁亞娘都不咀，你罔來共阮做對頭乜事？〔貼(旦)〕陳三，你青青狂狂，誰人卜認(莫説)你？〔旦〕陳三你天句瞀盈❶，莫怪益春捧水潑。〔生〕恨益春捧水潑三哥。〔貼〕亞娘，陳三自稱伊叫三哥。〔旦〕伊是老鼠上天秤(平)。〔貼〕簡有一包綉帨袂記收，待簡去收即來。〔旦介〕〔生唱〕衣裳潑濕添煩惱。〔旦〕衣裳潑濕會乾，煩惱乜事？〔生〕水潑人不痛，那是意思不好。〔旦〕賊奴，你八一乜意思。〔生〕一身爲娘辛苦不敢說。〔旦〕你向辛苦便轉去，誰人卜留你。〔生〕只一娘仔即是無人情。我來你厝，不成去倒(到)。水珠滿身落，思量倆得好。〔生坐介〕〔旦罵介〕亞，陳三，我共你無乜搭帶，敢來共我只處坐。〔生〕四邊無人，正好入(八)頭。牽娘裙。〔旦〕咀乜？〔生〕小人不曾咀也。〔旦〕再後那咀，剃你鬢毛。〔生〕娘仔，你未是待詔師父。〔旦〕再咀便知。〔生〕牽娘裙來拭(七)面，想也未有大罪過。〔旦唱〕死賊奴，無道理。〔生〕娘仔你莫罵人，罵人愛無意思。〔旦〕急得我心頭火起。〔生〕火起莫得燒着小人。〔旦〕見我是誰，敢來無尊卑。〔生〕小人

❶ 瞀盈：原作勞瞀，義爲不守本分或太過分。下同。

做也敢共娘仔無尊卑。〔旦〕賊奴，你識一乜尊卑？〔生〕賊奴是官人，馬上官人我正是。〔小七上白〕天光白日晝（罩），老鼠偷食豆。〔旦〕小七，你卜值去？〔浄〕亞公甲我叫小八去拾柴。〔旦〕睛盲頭，尋小八來我只綉房口尋乜事？〔生（旦）下〕〔浄白〕我今即聽見小八做聲。〔旦〕死狗，善善❶尋度我，尋那無，你着死了。〔浄〕倆年樣死？〔旦〕咬舌死。〔浄〕咬舌死痛。〔旦介〕〔浄走〕來，小七，我卜使你。〔浄〕卜屎待我去放。〔旦〕我一錢三分銀在只處，一錢共我買絹綫，三分乞你買物食了。〔浄〕卜買乜色？〔旦〕買紅緑。〔浄〕那是泥堅❷。〔旦〕睛盲頭，紅緑是絹綫顔色，乜泥堅做倆說？〔浄〕買紅緑絹綫，待我叫是泥堅了。〔浄介〕〔旦白〕行卜值去？〔浄〕打按後門去。〔旦〕那按前門去。〔浄〕今人專愛打後門。〔下〕〔生白〕娘仔因乜向無意許處徛？〔旦〕走。〔生〕天走乜事？〔旦〕我叫你走若遠了，天句許處徛，人知了去。〔生〕值人知了？〔旦〕小七知了。〔生〕小七伊顛颠狂狂目睛盲，曉得一乜？〔浄〕烏龜十種，那你曉得。〔旦〕緊走！〔生走〕〔旦〕買來未曾？〔浄〕人嫌銀不好。〔旦〕做倆說銀不好？〔浄〕伊叫是樸稍❸，我叫是三罄（傾），共伊詰。〔旦〕我銀是樸稍？〔浄〕伊叫樸稍夭呑除。〔旦〕乜呑了，都不共伊討。〔浄〕我共伊討，叫待伊放屎還恁去。〔旦〕斬頭，快去共伊討，討來乞你去罷了。〔浄下〕〔生白〕娘仔向驚惶，乜事了？〔旦〕賊奴，緊走！〔生〕既然你駡我賊奴。〔旦〕我不叫你奴，甲阮叫你做官人？〔生〕你既不叫小人做官人，前日因乜有一物在小人邊？〔旦〕我有乜在恁邊？我（爾）知了，莫畏是掃箸好定。〔生〕既然不信，小人提出來乞娘仔你看。你力

❶ 善善：借音字，義爲老老實實地順從。本字疑爲蔫蔫。
❷ 泥堅：不知何物，疑爲土螳。打諢。
❸ 樸稍：疑爲「樸硝」，罄除金銀雜質的礦物質。

荔枝投我做乜？〔貼〕亞娘，亞媽叫。〔旦〕亞媽叫，你都笑。〔貼〕是亞媽叫，簡敢騙亞娘！〔旦〕待我入去。〔旦下〕〔生白〕小妹，你好無行止，恁娘仔只處我共伊説話都未了，你力伊叫入去除！〔貼〕亞娘便是阮亞媽叫伊，非是阮叫伊入去。〔净〕十種烏龜小八，共益春二個只處相弄，幹乜事？我拖來去見亞媽。〔生拖介下〕小七放手，來去，我買物乞你食。〔生（净）下〕〔貼白〕斬頭，你只外罵阮也事？〔净〕我罵陳三。〔貼〕你罵陳三，牽連阮乜事？〔净〕陳三伊不作穡（息），共你只處乜事？〔貼〕伊作伊穡，你作你穡，共你無干預。〔净〕不，便共你乜干預？你共小八只外相惜，亦共我相惜一下，莫得大小心。〔貼〕斬頭，你卜，卜乞不死除，卜乜用？〔净〕我罵你賊。〔貼〕你敢罵！〔净〕賊賤婢，你！〔貼〕睛盲頭，賊賤婢是亞公亞媽罵的，不是❶你罵的，我去共亞媽説打你。〔净〕你共亞媽説打我，我共亞公説，幹你痛痛。〔貼〕小七丁蠱（古）無道理，人前背後胡説話刺。我是亞娘身邊簡兒，你是亞公粗使奴婢。衣裳又破碎，脚跛目睛盲。你卜現某，將無人貣❷。〔净〕我那無某，無人卜現你。〔貼〕斬頭，你向愛不？〔净〕益春死鬼，你莫相欺。阮厝祖公做皇帝。〔貼〕恁厝祖公做皇帝，你都乞人飼。〔净〕天地變亂，尋我不見。益春，你叫皇帝是乜生的。〔貼〕皇帝也是人生的？是乜生的？〔净〕句是卵孵的。〔貼〕莫白賊，皇帝有卵，我不信。〔净〕你向不信，元初咱（賴）亞公去巡田，拾❸一個卵倒（到）來，亞媽叫去煮請人客。我許内頭聽見，故頭磕一空射出來。亞公説我定是好物，就討乳母飼我。〔净〕即乞亞公拾來飼，飼做親生仔兒。〔貼〕睛盲頭，一只白賊。〔净〕你是亞娘

---

❶ 不是：原刊空白，疑脱，酌補。

❷ 你卜現某，將無人貣：貣，原作遲。貣義「要」。全句義爲你痴想娶妻，終歸没人要嫁你。下同。

❸ 拾：原作卻，近音借用字，改爲「拾、撿」。下同。

粗使奴婢，你莫相笑，恁今平平乞人飼。〔貼〕乜句可强你晴盲頭，千嘴也不共你鬥得贏（榮）。我那去力飯硿捧藏了，都無飯通食。〔净〕益春亞姊，快莫，我早起都未食，我回你。〔净掩介〕〔丑上介〕【剔銀燈】叵耐恁做可不是，敢障做不合人較議。辱薄我門風乜體例，都是恁一夥奴婢。〔合〕從今改了心性，再後若卜障做，定是討死。〔貼〕告亞婆聽簡說起，小七做人未貴氣。〔净〕烏賊莫得笑猴染，你也自細乞人飼。〔合前〕〔入〕

一夥奴婢無思量，着打着罵受虧傷。關門莫管窗前月，分付梅花再主張。〔並下〕

第二十三齣　求計達情

【風入松】〔生〕一段姻緣不到頭，有話莫說共誰愁。俩得紅葉到御溝，無媒人不得入頭。千般萬樣計較，不知到底乜尾梢。悶如長江水，江水不斷流。一點相思怨，長掛在心頭。伯卿今旦落盡頭面，望卜（莫）見五娘。誰知到只其長❶，不得入頭，今卜做俩得好？〔貼〕算見只一場乜蹺蹊，因貪邪色嬌媚，分明真個是陷人坑。阮娘仔使阮來到只，說只綉廳掃不伶俐。不肯沃花，看你真故意。〔介〕阮娘仔使阮來，叫你不沃花，不掃厝。〔生〕厝是我掃，花是我成治（遲）。恁娘仔可見無行止，當初因乜起只意，到今旦辜恩負義？〔貼〕你俩見得阮娘仔無行止？〔生〕我將實話說乞你知。【蠻牌令】我爲伊，來到只，受盡人苦氣。誰知恁娘仔，障無行止。暗苦切，腸肝如刀刺。煩小妹，你去說就裏。〔貼〕阮娘仔心性硬，你有話使我不敢說些兒。〔生〕我看恁娘仔也是賢惠（會）的人，因乜今旦辜恩負義。〔貼〕阮娘仔賢可過。〔生〕我來恁厝年久月

❶ 其長：其段，義爲「其中」。到只其中，即到此地步。下文亦作機當、機頓，義同。

深，倆得好？〔貼〕既（記）爲人情，莫論年月，姻緣事結托在尾。〔生〕煩小妹早晚爲阮勸回。〔貼〕勸阮娘仔共恁成就了，那畏後去袂記得小妹。〔生〕伯卿倆通學人虧心行短。小妹有乜計，得共恁娘仔成就？〔貼〕尊兄，今暝月光風静，待阮引阮娘仔去花園内看花。恁寫一封書擲（捒）過墻去，乞伊拾去看，惹動伊心情，定是成就。〔生〕你只計賽過孫吴，許時有乜記號？〔貼〕阮有磚頭擲過墻來爲記。〔入白〕無計通情意，憑你説因依。惹得伊心動，是你運通時。

第二十四齣　園内花開

【夜行船】〔旦〕行出屏前，四邊香花味。聽許鳥叫哀怨，挈人心悲，□針綫無心整理。〔貼唱〕日頭長，挈人無意，不免輕步慢慢移。〔旦〕宅院清幽日頭長，挈人貧惰倚綉床。〔貼〕聽見柳上鶯聲叫，又見鴛鴦在池中。〔旦〕益春，我拙日心頭悶寞，針綫停歇幾時，實是傷情畏見。〔貼〕亞娘，既然無心，同去花園内賞花解悶一番。〔旦〕既是障説，相共來（你）去。【駐雲飛】悶寞心情，恨我命乖運未行。畏看雙飛燕，畏看孤鸞影。嗏，鳥鵲相叫聲，悶來無意聽。〔貼〕鸚鵡雖（誰）乖，倆曉得阮娘仔心情。〔旦〕❶手倚欄杆，獨自無意聽。倚遍欄杆，獨自無意行。海棠花開滿樹兜，紅杏緑柳總堪眸。〔貼〕諸禽無計留春住，恨煞東風寫樣頭❷。〔旦〕

❶〔旦〕：原刊脱，酌補。

❷寫樣頭：原刊如此，義費解。

看許花開，是實巧吝。〔貼〕是亦巧吝。【梁州序】〔潮腔〕〔旦〕❶春天景早，花開成朵，園內富貴實是好。〔貼〕亞公創只的景是好。〔旦〕障般景致惡討。益春，看許一枝花向好，折來與我看。〔貼〕亞娘，請坐，待簡去折來。攀折一枝好花，乞阮娘呵惱❷。將花比娘面一般好。〔旦〕鬼仔，花乜通比人面？〔貼〕這一枝花障香，卜投除可惜，待簡共亞娘你插。插放覓只鬢邊香如瑙(腦)。〔旦〕鶯啼鳥叫，挈我心焦灼。〔貼〕移步抽身咱且到。〔貼〕亞娘，月上了。〔旦〕舉目看匕匕，不覺見月上如梭。〔旦〕我昨暮甲你去叫陳三來沃花，因乜花都不沃，乞伊謝落障多？〔貼〕許一簡(西)仔貪惰，都乜年，卜來共恁沃花？〔旦〕你去提二個水來沃。〔貼介〕〔生上〕春色惱人眠不得，月移花影上欄杆。〔介〕原來是娘仔共益春在園內賞花，不免將心腹話説乞伊曉得。【望吾鄉】〔生〕園內花開香蘭麝，想我在只墻外，礙手惡去折。一陣風送一陣香，着許花香來割吊人。不見花形影，我强企起來，在只月下行。待許賞花人聽見，即知阮貪花人有心情。❸冤家好悶煞人。〔貼〕只墻外都親像乜人做聲，亞娘來去聽。〔旦貼行介〕益春，是都親像人做聲。〔貼〕月皎星稀，正是杜(社)鵑叫月。〔旦〕叫月杜鵑啼苦切，聲聲叫是春歸時節。鳥雀悲春，共恁人心一齊。〔貼〕亞娘，今有乜計力只春來留帶？〔旦〕愛卜共伊人留春，想都無計。〔貼〕許春卜返去了。〔旦〕春今卜轉。〔貼白〕看只花開花謝，真個挈人易老。〔旦〕花謝障多，一年不見人賞春，那見人爲春啼切。〔旦介〕〔生白〕娘仔你耳倆年障重，人聲都無認，鳥聲都無認。人聲鳥叫因乜聽無定。我曉得了。伊都是假意叫做鳥聲。陳三因何只處

❶ 〔旦〕：原刊脱，酌補。
❷ 呵惱：借音字，亦作「阿諛」，即稱贊。
❸ 弦管曲詞有「園內花開」可參照。

行？陳三總是爲人情，無因不來只月下行。將我心腹話，暗咀幾聲。我只話卜不説，娘存因乜得知？我叔西川做太守，廣南運使是我親兄。今來恁厝差使着行，天若可憐陳三。借請一陣好風，吹送乞亞娘聽。❶〔旦〕益春，我初頭叫是鳥聲，今聽都是人聲。〔貼〕待簡耳去聽。〔貼行〕〔旦介〕簡今聽分明是人聲。〔旦〕咱今在只園內賞花，伊在許墻外賞月。〔旦介〕不知是值家人？〔旦〕值處人得桃更深。〔貼〕伊許處牽連着咱。〔旦〕伊人共恁一般愛月心，伊許對月思雲鬢。〔貼〕亞娘，你只處賞花，可曾憶着許馬上官人亞不？〔旦〕我只處賞花，憶着伊人面（而）。〔貼〕都是關情有意，可惜綫無針引。〔貼〕亞娘，人説姻緣都是月老注定，近前去祝告月娘，豈不可憐亞娘你！〔旦〕正是心事不須重祝訴，嫦娥與我是知心。【餘文】更深月落静沉沉，燈殘燭盡爐香冷。風送聽見人聲音，窗外恐畏人説恁。〔生〕我寫有一封書，卜丟（去）過墻去，未知娘仔意中如何？我今不免跳過墻去。正是：惜花愛卜花香味，好色移步近花邊。〔生跳〕千仞之山，尚不足畏；數仞之墻，何足道哉！〔旦介〕益春，看是乜人？〔貼〕亞娘莫驚，待簡去看。〔生〕是誰人？〔貼〕是阮。〔生〕是小妹，待我叫是人偷折花。〔貼〕是誰？捉來去。〔生〕恁娘仔在值？〔貼〕我共阮娘仔只園内賞花，你跳過來乜事？〔旦〕是誰？〔貼〕是陳三。〔旦〕陳三，我只園內賞花，你青青狂狂跳過來乜事？乞我驚一頓。〔生〕小人聞見鶯聲，忽覺月光成鏡，又兼杜鵑叫月，引動心情。小人不甘去睏，近前巡視花廳，聽見只墻內都有人做聲，陳三疑是外人偷折娘仔恁花，以此小人即跳過墻來看，故（固）不知是娘仔，恕罪。〔旦〕陳三，你到勢回話，你來正好，我正卜問你。〔生〕問小人做乜？〔旦〕我昨暮日使益春來甲你沃花，你因乜花都不沃，乞伊謝落地障多？〔生〕許花使有開有謝，倆得時常帶枝。娘仔愛花時常帶枝，比如惜人不

❶ 弦管曲詞有「人聲共鳥聲」可參照。

甘放離。〔旦〕陳三，我咀花，你咀值去？ 走！【駐雲飛】是乜道理，不來沃（渥）花是故意。花謝滿地是，枉你做奴婢。〔生〕嗏，娘仔是乜意，説着那好啼。當初那是爲娘，即來恁厝做奴婢。誰料今旦，暗切那好啼。〔貼〕亞娘，你看，陳三大諂漢❶許處啼。〔旦〕益（亞）春，你將許謝的花拾一枝來我看。〔介〕〔貼〕亞娘，只一枝花障好，可惜謝除。〔旦〕只花雖謝了，還亦句好。〔生〕許謝的花有乜好處？〔旦〕陳三，你到薄幸。你袂記得花嬌姿潤色之時；今旦那謝了，便提覓除。你厝後那卜有某仔，枉屈許處看你。〔生〕伯（必）❷卿今年即十八歲，家後那有某仔，天譴責伯卿促命。〔旦〕誰人力甲恁咒誓，好衰。〔生〕娘仔，你叫小人家後有某仔？〔貼〕伊許尾句咒一重重誓。〔旦〕伊泉州人那怙（估）咒誓討食。〔生〕許花嬌姿潤色之時都不惜，等到謝了即來惜。只是空有愛花之名，而無愛花之實。〔旦〕陳三，都值處拾二句書來咀？〔生〕小人在厝專讀書。〔旦〕叫伊在厝專讀書。〔貼〕伊讀書，今是讀成書癲（顛）了，即來乞恁做奴。〔旦〕好是定。〔生〕譬如娘仔共人相愛，許人來時全不管睬，到伊去了（子），娘仔你即念伊。〔旦〕陳三，阮咀花，你咀值去？〔生〕小人見四邊無人，共娘仔譬論。〔旦〕譬你狗頭論，走！〔生下〕〔旦〕陳三今即乞我詛（阻）一頓，都無意思。〔貼〕亞娘，你專卜詛乞伊，無意思。〔旦〕咱再來去看花。〔介〕益春，看許一枝花向好，折來我看。〔貼折花〕〔旦〕益春，我一陣（存）嘴乾，你入去捧一鍾茶來我食。〔貼下〕〔旦〕纔自陳三慌忙走，失落一塊紙。〔介〕我看一看，元來是一封書。【醉扶歸】〔旦〕人説匕匕，有緣千里終相見，設計匕匕即來到只，誰料僥心無行（倖）止。我自怨一場無依倚，暝日怨切，頭舉不起。〔介〕冤家匕匕，乜障苦！ 死到陰司，冤魂卜來共你相纏。〔貼〕一碗

❶ 大諂漢：指陳三個子大，不是孩子了。今説大母漢，即大漢，母作語助。

❷ 必卿：原本開頭作伯卿，後又作必卿，應是合刊的痕迹。必概改伯。

建溪茶，解了娘仔悶。〔旦〕賊婢，你茶都冷了，收入去，不食。〔貼〕簡茶捧來燒燒，那是只處聽亞娘讀書即冷除。〔旦〕鬼仔，我讀乜？〔貼〕簡捧茶來，聽見乜陰司冤魂卜共誰相纏？〔旦〕是都聽見了，聽你井❶不知？〔貼〕簡那是不知。〔旦〕陳三慌忙走，失落一封書，乞我拾來。〔貼〕書寫度誰？〔旦〕卜還阿公。〔貼〕伊寫書還阿公乜事？〔旦〕叫伊來恁厝年久月深了，伊卜返去。〔貼〕簡句聽見一❷句，叫乜冤魂卜共誰相纏？〔旦〕鬼仔，是聽見，你整不知。許陳三是好笑，說伊來咱厝年久月深，長暝夢見伊家後親人冤魂都共伊相纏，甲阿公乞伊返去。〔貼〕許是簡聽錯(投)了。更深了，返來去。〔旦〕筆盡精神細膩(二)，看來端的意味。〔貼〕橋上望東京，地隔有千里。〔生内叫介〕益春小妹。〔旦〕是誰叫？〔貼〕正是許冤魂的。〔旦〕鬼仔，你去共伊說，叫伊爲奴才：日則侍奉箕帚，夜則安身寢席。奴不亂主，律有明條。阮暗静在只花園賞花，伊不合拔户跳墻，不安爲奴本分。那卜共阮爹媽說，叫伊着死。叫我共伊無乜人情，甲伊轉去。〔生〕小妹，恁娘仔書拾去，有乜話說無？〔貼〕阮娘仔書拾去，連阮都瞞除，不乞我知。〔生〕恁娘仔做俩瞞你？〔貼〕叫你書卜度亞公。〔生〕那卜障說，說也有些仔意思。〔貼〕阮亞娘句有話說得怯。〔生〕做俩說？〔貼云前介，白〕〔生〕恁亞娘好識律。〔貼〕叫伊共恁無乜干預，甲恁返去。〔生〕恁亞娘即是無人情。【剔銀燈】〔生〕陳伯卿專心拜託，望小妹做一月下老。〔貼〕做媒人着老人，小妹做乜都會做媒人？〔生〕蛇那無頭值處會梭❸。勸恁娘仔共我匹配(記)不錯(操)。我到只不成去倒，思想起來，惹得相思病倒。【雙鸂鶒】〔貼〕告

❶ 井：本字及後四行的「整」，均作「怎」解。
❷ 一：原刊脱，酌補。
❸ 梭：借音字，陽平聲，義爲爬行，應爲蠕。

尊兄聽阮説起，阮娘仔共恁全無半點情意。〔生〕我只望卜共恁娘仔結做夫妻。〔貼〕説伊是千金身己，佴肯匹配恁奴婢。〔生〕恁娘仔都袂記得樓上投荔枝時。〔貼〕高樓上投荔枝是錯(操)手，有乜情意。〔生〕好大錯(挫)手，都不投着别人。〔貼〕伊許心内句疑你，恐畏不是。〔生〕我是官員人仔兒，恁娘仔那卜無荔枝投乞我，我肯來恁厝做障般勾當？〔貼〕阮娘仔正不信你只話。〔生〕伊做乜不信？〔貼〕説你富貴讀書時，不去求官，來伊家做乜？〔生〕愛求官，都容易，一心貪共恁娘仔結連理。〔貼〕伊正説是，富貴人求親，肯做人厝奴婢。〔生〕我前日托你言語，可曾共恁娘仔説未？〔貼〕阮共阮娘仔説了。〔生〕恁娘仔可做佴説？〔貼〕伊罵阮閑言語總不聽，説伊有一點主意。〔生〕❶伊有乜主意？〔貼〕説伊爹媽收了人聘錢。〔生〕恁娘仔向愛共林厝做夫妻。〔貼〕大人言語惡推辭，伊每日暗切費盡心機，一麭無許三靴的道理。我勸你匕匕早抽身，枉屈你只處共伊相纏。〔生〕伊投落荔枝，全怙恁娘仔卜學許當初青梅記，即學磨鏡做奴婢。我是官蔭人仔兒，捧盆掃厝望結連理。誰知障般無行止，我不謀伊親醒❷，肯受障般惡氣。❸〔貼〕尊兄莫得着切，好事在後來，請出，乞小妹關宅門。〔白〕❹金鶯出谷上喬林，獨自飛來獨自吟。空守枕蓆床機冷，反側不眠泪滿衾。

❶〔生〕：原本疑脱，酌補。
❷親醒：亦作親淺，即新鮮靚麗。
❸弦管曲詞有「尊兄聽告」可參照。
❹〔白〕：疑爲〔生白〕或定場詩。

第二十五齣　陳三得病

【掛真兒】〔生〕暝日思量上天臺，得見神仙空返來。昨暮去到花園內，致惹一病有誰知。爲伊割吊成相思，一病懨懨藥難醫。茶飯也袂食一嘴(口)，風流債滿等值時。昨暝去到花園內，着娘仔棄返來，惹得一病上身，做佴得好？【鏵鍬兒】着伊割吊相思病損，頭今又眩做佴當。夢内共伊同枕床，歡喜醒來是夢中。割得我腸肝做寸斷，想我性(世)命無久長。〔貼上〕西風冷微微，引惹人心悲。拙晏三哥因乜都不開門，不免叫一聲。〔貼叫〕〔生白〕是誰？〔貼〕是小妹。〔生〕我病，袂起來共你開。〔貼〕共我開，小妹共你説一句好話，你病卜好那。〔生〕小妹，門掩上在許處，你卜入來便搡(速)開入來。〔貼見〕三哥因乜得病，卜做佴得好？〔生〕全望小妹解圍(改爲)。〔貼〕甲小妹做佴解圍？【皂羅袍】暗切心頭萬千般，致惹一病誰人顧看。小妹那是不知，卜知亦來。〔生〕恁娘仔好無行止。力我一身做障磨，辛苦誰人得知我。〔貼〕阮亞媽甲阮來叫你掃厝。〔生〕厝無心掃，着伊暗割。〔貼〕正是着誰暗割？〔生〕着恁娘仔割。〔貼〕尊兄只話再莫説，乞阮亞媽知了不好。莫得着切，你起來，待小妹討些兒茶飯來乞你食。〔生〕飯今袂食，澀過吞沙。恁娘仔障無行止。〔貼〕是乜無行止？〔生〕伊騙得我來恁厝，即來辜負我。你做也不勸恁娘仔。〔貼〕説起挈人心痛，全不信你來學磨鏡，盡叫玉石無真正。誰知正是崑山玉，含糊不説害你性命。得病沉重做佴解脱(改拆)，保你姻緣有日成。【水車歌】〔生〕你障説，解得我病輕。煩小妹，你説拙來因。勸恁娘仔記念前情，到只處話説無盡。〔貼〕勸你寬心莫得性緊，莫枉屈割吊你只相思病深。〔生〕煩你只去話説卜盡，姻緣成就，結草銜(含)環卜報答恁。【尾聲】〔貼〕我見你乜傷情，贊(倆)恁成就只姻親，即會解得你病輕。〔生〕❶你做乜不勸恁娘仔？【醉扶歸】〔貼〕三哥匕匕你聽我説，誰敢力頭毛去試火。〔生〕我前日拜託你言語，你做乜不共恁娘仔説？〔貼〕你只話使我都不敢去説。〔生〕説畏做乜？〔貼〕伊了❷反面，阮惡收退。〔生〕今卜做倆思量？〔貼〕尊兄你可會畫袂？〔生〕琴棋書畫我都會。〔貼〕那會是年。不如你親手巧畫，放覓伊花樣册底。待伊刺綉，看見必有話。〔生〕既是障説，待我畫一個鶯柳，煩小妹共我送去。〔介〕都無紙筆。〔貼〕既是無紙筆，待小妹去討來。〔生介〕〔貼上〕紙筆在只。【望吾鄉】〔生〕抛心畫柳共題詩，又畫鶯柳比論伊。鶯你飛來宿柳枝，恨東風吹擺無定期。畫鶯比阮，畫柳比伊。〔貼〕只一個鶯，因何不宿只柳枝上？〔生〕小妹，也親像我袂得共恁娘仔成就一樣。〔貼〕值時會得鶯織柳絲。〔生〕❸不免來題一首詩。〔生介〕鶯柳飛來無所依，盡日思春獨自啼。可惜章臺柳色好，何時借得一枝栖。〔貼〕畫了，借小妹看一好？〔生介〕〔貼白〕只鶯柳畫得是好，尊兄。那畏花採入手，不識花枝。〔生〕我亦不是辜恩負義的人。小妹，我一陣嘴乾，你入内去討一鍾茶我食。〔貼〕徑路被雲收(敢)拾去，只憑流水認仙花。〔貼下〕【鎖南枝】〔丑〕來到黄厝尋三爹，虧伊捨身爲人情。因乜不見人出來？〔生〕是乜人做聲？〔丑〕開門匕匕。〔生〕是誰？〔丑〕阮是泉州人，卜來探鄉里。〔生〕都親像安童聲説。〔生見丑〕那從分開去，掣簡心肝痛。恁厝富貴得人驚，思量好啼不敢做聲。〔生介〕我見你，乜心悲，做緊起來莫得啼。恐畏内頭人，得知心帶疑。〔丑〕虧得官人。〔生〕

❶ 〔生〕：原脱，酌補。
❷ 伊了：伊若，意謂「他如果」。
❸ 〔生〕：原脱，酌補。

是我甘心，恨誰得是。你今言語莫提起。安童，你值處來？〔丑〕簡在廣南來。〔生〕大人做官，拙時倆樣？〔丑〕大人做官清正，使簡轉去泉州，問安太老爹太夫人。〔生〕大人有書無？〔丑〕有書在只處。〔生〕提來我看，恐有乜牽連我處。〔生看書介〕安童，我寫一封書同封轉去探太老爹。〔丑〕三爹，只處姻緣可成就未？〔生〕那看只早晚成就。〔丑〕三爹亞，既是未成就，何必苦求？不免共安童返去厝。〔貼上聽介〕〔生白〕你袂曉得，我姻緣成就，早晚就返去。〔丑〕三爹返來去，恁厝乜樣富貴，豈無千金閨女共你匹配，求伊乜用？〔生〕你返去，説我在任上讀書，莫説我在只潮州，急惱❶老大人。〔丑〕既是三爹未返去，安童帶有銀三十兩在只，放只處，度三爹你使。〔生〕我只處正卜銀使。〔丑〕安童就起身去。〔生〕我只處也不好留你。〔丑〕一封書信報平安，未知值日得相逢。〔生〕莫説我身在只處，恐畏急惱老大人。〔貼〕三哥請茶。〔生〕起動小妹。〔貼〕三哥，纔自只外都是恁乜鄉親？〔生〕正是鄉里。〔貼〕莫白賊，那卜是恁鄉里，你送伊出去，天都目滓流。〔生〕纔自是送人客出去，風吹目滓流。〔貼〕那卜不是你親，伊都跪你，又叫你做三爹，也有銀度你，我都看見。〔生〕小妹，你既都看見，袂瞞得你，許正是我家人來探我。〔貼〕伊值來？〔生〕我兄現（見）任廣南運使，伊在任上來。〔貼〕向説，你兄都夭做運使？〔生〕正是。〔貼〕尊兄，你都是好人仔兒，那是爲阮亞娘，即會受阮亞娘障般苦痛。〔生〕纔自我家人提有銀還我，只一塊可小，乞小妹買針綫。〔貼〕小妹做乜通收尊兄你銀？〔生〕收去，勿卻我意。〔貼〕向説，待小妹爲尊兄你收，卜使來提。〔生〕今只書托小妹共阮送還亞娘。〔貼〕待小妹將實情共阮亞娘説，叫恁也是好人仔兒，不畏姻緣不就。〔生〕小妹，正是障生，共恁亞娘説，叫阮也是好人。〔貼〕【駐雲飛】人物風流，不使思量便下手。筆下又清秀，真個有思量。

❶ 急惱：原作吉惱。吉，亦可作激。

嗏。〔生〕煩你力書收，怙你相將就。〔貼〕那畏功德完了，和尚無人管睬。〔生〕有意栽花，等閒去插柳。〔貼〕三哥，你説只話，只書小妹不送去。〔生〕是阮一時言語，小妹莫怪。〔貼〕願乞姻緣，早早得成就。

未知娘仔意，那憑一首詩。得伊心意動，是你命行時。

第二十六齣　五娘刺綉

〔貼上〕捧卜綉篋出綉房，金刀金剪盡成雙。畫花粉筆盡都有，五色綫絨緑間紅。【銷金帳】安排綉床閨房東，掛起羅帳瑙(腦)麝香。針綫箱綉篋，益春常捧。内有五色絨綫緑間紅，銅箱交剪對金針。伊人琴棋書畫，盡都曉通。那是阮娘仔，無心去弄。盡日懨懨，不知憶着乜人。别人私情，益春爲(俑)伊人苦痛。勞堪逢着一好清秀郎君，共伊人合歡，恰親像十五暝月光光降。陳三有一紙字，甲阮共伊送。今卜下只綉篋内，阮娘仔來看見，那歡喜便好；一卜着急，倆得好？便做着急乜事。不免下只綉篋内，請亞娘刺綉。〔貼下〕〔旦上〕【長生道引】早起梳妝正了時，抹粉畫眉點胭脂。行出珠簾看寶鏡，怨煞孤單空過暝。獨坐綉房日漸昏，停針無語欲銷魂。山風故意度庭竹，敧耳頻(類)疑人叩(扣)門。抽時針綫停歇，不免綉一光景解悶。〔潮腔〕【望吾鄉】〔旦〕盡日無事整針綫，逍遥閑悶心無掛。針穿五色絨共綫，綉出鱗毛千萬般。綫共針穿，步步相挈。引動人心情，切我守孤單。〔内調〕一更鼓打北風颸，裏打燈另打燈打丁，娘仔思君心不安。裏打燈另打丁，裏打丁打丁，值時共君成伙伴，裏打丁另打丁，裏打丁打丁，即便得被燒枕不單。裏打丁另打丁，裏打丁打丁，匕匕匕。【望吾鄉】〔旦〕綉成孤鸞戲牡丹，又綉鸚鵡枝上宿。孤鸞共鸚鵡不是伴，親像我對着許丁蟲（古）林大，無好頭對，實無奈何。〔内唱〕❶〔旦〕不免再綉一叢緑竹。再綉一叢緑竹，須等鳳凰來宿。〔内唱〕哏嗹哏柳嗹，嗹呵柳嗹哏嗹，柳嗹柳嗹哏嗹柳嗹，匕匕。〔旦〕綉成犀牛望月圓，又綉烏雲間月墘。雲遮月暗，犀牛無意。也親像我，對着丁蟲（古）林大鼻。雲會消散，月會團圓。不免再綉一輪光月。再綉一輪光月，須待唐明皇來遊戲。〔旦〕❷想起人情，切我魂魄散，心頭憔悴如刀割。想許三哥，伊百般苦痛，都是爲我。着伊割吊，瞑日心不安。莫是無緣，便做無緣隔遠，死去寃魂相挈。我想來想去，無一人親像伊。障好清秀郎君，甲人心頭倆年肯化（花）。〔又唱〕且力針綫放一邊，心頭怨切愁無意。若會隔斷林大鼻，一座清醮答謝天。但願逢着好兒婿，恰像蓮花開遍滿地。花紅共柳緑，且趁我青春少年時。再尋二個艷色綉絨來綉一般光景。〔介〕因何我只綉篋内有一紙字在只内？〔介〕元來句是一封書，不免開看。元來畫有一鶯柳，只尾有一首詩。〔詩曰〕鶯柳飛來無所依，盡日思春獨自啼。可惜章臺柳色好，何時借得一枝栖。〔旦介〕只鶯柳畫得是好，只必想是陳三畫的，甲益春送來。鬼仔，即是成精，不免叫出來罵一頓乞伊。〔旦叫〕益春，過來。〔貼上〕〔旦〕你值去？〔貼〕簡在只處。【剔銀燈】〔旦〕❸死賊婢，你走去值？〔貼〕簡在只聽候亞娘。〔旦〕早使你力綉篋整理。〔貼〕簡都整理便了。〔旦〕我只處有乜人來到只？〔貼〕只綉房内也無人敢來，那是簡來去。〔旦〕飼你拙大，因乜不同人心意。〔貼〕簡自細是亞娘飼，因乜不同心意。〔旦〕你知。〔貼〕簡都不知。〔旦〕只綉篋内因乜有一紙字？〔貼〕簡都不知。〔旦〕你不實説，定着討死。〔旦怒〕

❶〔内唱〕：原刊〔内調〕。
❷〔旦〕：原本如此，似衍字。
❸〔旦〕：原脱，酌補。

〔貼跪〕〔貼〕告亞娘，聽簡説起，許陳三一身受氣。〔旦〕你説不知，又知陳三一身受氣。〔貼〕再三分付，甲簡共娘仔説出即情意。〔旦〕鬼仔，起來，陳三有乜話説無？〔貼〕説娘仔袂記得當元初時。〔旦〕我當元初有乜事？〔貼〕亞娘井都無事？〔旦〕我都無乜事。〔貼〕高樓上食荔枝，投乞伊，引惹伊人做乜。〔旦〕投着伊不？〔貼〕亞娘現投着伊。〔旦〕不愛人白賊。〔貼〕深懊恨，無所見，叫恁姿娘人，話説無定期。〔旦〕無定期整騙伊也？〔貼〕現(見)騙伊人。空騙伊人張盡計，費盡機，做恁厝奴婢。〔旦〕只便是伊甘心情願，整誰人力伊來？〔貼〕罵娘仔，〔旦〕想陳三未敢罵我。〔貼〕现罵亞娘。〔旦〕罵我乜？〔貼〕許簡不敢呾。〔旦〕罵便是陳三罵我，整是你罵我？罔説。〔貼〕罵娘仔怯心肝，懊行止，全無半點可憐伊。〔旦〕只賊奴，乜大膽都敢罵我。〔貼〕伊人句乜樣着切。〔旦〕做倆切？〔貼〕説伊讀書，有好文章無志氣。〔旦〕鬼仔你即呆，乞伊人罵你，因乜不應伊：你好文章不去求官應舉，卜來阮厝爲奴？〔貼〕簡也障去問伊。〔旦〕伊做倆應你？〔貼〕叫伊那卜肯求官，官那在荷包内。〔旦〕我夭信？〔貼〕説伊卜求官都容易，那貪共娘仔愛結成連理。〔旦〕好空思想伊。〔貼〕伊即甘心捧盆水，掃廳邊。忍除志氣，受恁一嘴苦氣。〔旦〕我想起來，即是怨陳三。〔貼〕勸娘仔你莫怨伊，伊怨恁辜(孤)負伊人青春年紀(己)。〔旦〕鬼仔，你罔呾，我不聽。〔貼〕也躭擱(各)恁獨自。〔旦〕我袂曉得飼你即大，不同我心，專贊(倆)別人送書。手伸來，我捶除。〔貼〕亞娘，莫捶，簡手留卜捧湯乞亞娘你洗面。〔旦〕不用你捧，伸來，我捶除。〔貼〕今是不用簡，今有人了，既是卜捶簡手，待簡去叫陳三來，一齊乞亞娘捶。〔旦〕我捶陳三手乜事？〔貼〕送書人手都着捶，寫書人手句着捶。〔旦〕你只賊婢成精了，讓你也罷。〔貼〕簡今即知陳三是好人。〔旦〕你因乜知？〔貼〕昨暮日有一家人來尋(倆)伊。〔旦〕伊家人值來？〔貼〕説跟伊兄廣南做運使來。〔旦〕見伊便做倆樣？〔貼〕見伊乜樣啼切，再三勸甲伊返去，説伊厝乜樣富貴，豈無玉顔之女共伊匹配，何卜做障般勾當。〔旦〕陳三乜話應伊？〔貼〕陳三都無話應，那目滓流。〔旦〕我句未信。〔貼〕亞娘不信，夭跪伊，夭叫伊三爹，夭討銀乞伊使。〔旦〕我夭信乜？〔貼〕不信，夭句一塊即大乞簡，在只。〔旦〕你共伊人送書，亦值一塊銀喝大，〔介〕我明知陳三是好人仔兒，今有乜思量？〔貼〕亞娘都無思量，甲簡卜乜思量？〔旦〕鬼仔，起爐發火都是你。〔貼〕簡聽見許老人講古，説崔氏鶯鶯共張珙在西廂下相見，後來姻緣成就，亞娘學伊畏倆年？〔旦〕我愛學伊，那畏不親像伊。〔貼〕亞娘那卜學伊，都不可强伊。只姻緣學卜崔氏鶯鶯共張珙西厢記。〔旦〕你障説也是理，我共你在只心頭，且莫露機。〔貼〕簡倆敢説。〔旦〕是我當初親看見，我一心恐畏只人不是。〔貼〕正是只人。〔旦〕恐畏世上人相親像，又畏人乘機來假意。〔貼〕今卜做倆（在）思量？〔旦〕不免再叫來問伊，試探伊人話刺。〔貼〕那卜是年？〔旦〕成就只姻緣也未遲。陳三今在值？〔貼〕陳三在後花軒内，只扯久頭不梳、飯不食，是乜挈人可憐。〔旦〕去叫來，我罵一頓乞伊。〔貼〕今聽簡勸莫罵伊。〔旦〕亦罷，聽你勸，去叫來我問伊。〔貼〕簡去叫伊過來。陳三，亞娘叫你。【縷縷金】〔生〕聽見叫，心帶疑，未知五娘仔有乜事志。手舉芒掃帚，近前問伊，使我也知（在）伊心意。水潑落地，難收得起。娘仔有乜鈞旨？〔旦〕陳三，你好弄膽！〔生〕小人做乜敢弄膽。〔旦〕你畫鶯柳使益春提來戲弄我，可是亞不？〔生〕是。【醉扶歸】〔旦〕陳三匕匕你不是所行，寫詩匕匕戲弄我乜大膽。〔生〕小人那畫一鶯柳，便是戲弄娘仔，娘仔你做其事可記得？〔旦〕我都無乜事。〔生〕娘仔你想看年！〔旦〕阮袂想，我亦袂曉得。將只鶯柳提來去度阮爹媽，你便是奴欺主，該乜罪？〔生啼〕〔旦〕不愛人假切。我曉得了，你驚畏我去投阮爹媽，你着驚啼。〔生〕小人不是着驚啼。〔旦〕不，做乜事？〔生〕那切今旦因乜只處乞人聲聲叫賊奴。〔旦〕叫賊奴句切，句是大敬你，即叫你。〔生〕小人受娘仔指（只）教乜多了。〔旦〕你常説富貴人厝仔，因乜卜學只所行。不去勤讀書詩，不去應舉求名。〔生〕小人卜

應舉求官有乜惡？〔旦〕不愛人大話。〔生〕小人不大話。〔旦〕你厝住泉州，因乜來阮潮州城。【皂羅袍】

〔生〕娘仔你且聽説起，因送我哥嫂廣南城市。〔旦〕送你哥嫂廣南去做乜？〔生〕送哥嫂廣南做官。〔旦〕做乜官？〔生〕做運使。〔旦〕你兄那卜做運使，向説你便是叔爹了。〔生〕我便是三爹。〔旦〕惡見一個三爹共人磨鏡。你許白賊話，共人説到無人信。〔生〕送我兄來到娘仔貴城，幸遇元宵，小人出街看燈。〔生〕無端燈下見娘仔。〔旦〕你夭出街看燈，好樂然，你見我不年？〔生〕小人親見娘仔。〔旦〕不愛人白賊。〔生〕小人見娘仔花容玉貌，一見失了精神。〔旦〕好丼話。〔生〕送我哥嫂到任，冤家暝日着你割吊。就返來，便是六月。〔旦〕你許白賊話輕聲説，人了聽見❶。〔生〕一日騎馬上街市。〔旦〕你夭騎馬？〔生〕娘仔你都不見？〔旦〕你那卜有馬通騎，也是租來的。〔生〕娘仔，你可記得樓上食荔枝時？〔旦〕我六月常在樓上食荔枝。〔生〕娘仔你做出一件事，可記得袂？〔旦〕阮記都無乜事。〔生〕夭共益春。〔旦〕阮連益春都袂記得除。〔生〕既是袂記得，待小人共你説。〔旦〕你記得便説。〔生〕你投落荔枝，乞阮爲記。〔旦〕投着你不？〔生〕現投着小人，夭詰(箭)！〔旦〕不愛人白賊。〔生〕我估(怙)你有真心，即來做恁厝奴婢。〔旦〕陳三，你創景，生入人告罪❷。〔生〕阮都不創景入別人。你既然那卜虧心，荔枝我現收在只。只荔枝是娘仔你的不？〔旦〕只荔枝果必會相見。六月匕匕值處人無荔枝。〔生〕娘仔你無行止説話。〔拾介〕不是，還小人。〔旦〕秋亞❸，愛搶，搶去不好。未知只物是不是？〔生〕〔拾介〕娘仔聲聲句句説不是，看伊做乜？〔拾〕

❶ 人了聽見：人會聽見。
❷ 告罪：疑爲罪過。
❸ 秋亞：羞呀，取笑對方的動作。下同。

〔旦〕荔枝便借人看，向希罕，搶去乜事！〔生〕既不是，看伊乜事？〔旦〕今是了，各借阮看一下。〔生〕在只手袖內，愛看伸手來提去看。〔旦〕我苦，未是藥。〔生〕未是藥便莫看。〔旦〕前日有一人騎馬遊街市。〔生〕娘仔可認得袂？〔旦〕我袂認得。〔生〕娘仔好目頭高。〔旦〕是我錯手投荔枝。〔生〕好大錯手，有彩投着小人，卜投着阮簡仔，也剥食了。〔旦〕不是錯手，井故意投你？〔生〕天，只荔枝不是娘仔親手投度阮，天就見責阮。〔旦〕值人逆你，向苦咒誓。〔生〕娘仔你棄人。〔旦〕過去事志誰人卜記。〔生〕娘仔你不記，小人眷眷（倦）記在心頭。〔旦〕既然那卜是你，馬今在值（值在）？〔生〕是我匕匕有馬袂做得主。〔旦〕因乜有馬袂做得主？〔生〕送乞匕匕磨鏡師父。〔旦〕馬不騎，送乞磨鏡師父乜事？〔生〕學伊手藝來見你。〔旦〕你向苦見卜阮做乜？〔生〕只望卜共娘仔你結成夫婦。〔旦〕結你骨頭夫婦。〔生〕着你辱罵，不敢應一半句。〔旦拖介〕〔生白〕跋（拔）着小人，都未見好。〔旦〕跋你骨頭不碎。〔生拖〕〔旦介〕跋着我，你着死。〔生〕叫未成。〔旦〕食大丈夫漢，厝不掃，假虔啼。〔生〕今天甲我掃厝。〔旦〕不井讓你，只時無閑飯通乞人食。〔生〕娘仔既有尊命，敢不掃。〔旦〕緊掃，不愛人延。〔生〕就掃。〔旦〕一掃帚按向舉，那怙應嘴。〔生〕井掃厝也有師父？〔旦接掃介〕無師父，我掃你看，句可好看你。〔生〕向説，我掃乞你看。〔旦〕今免你掃。〔生〕娘仔又無乞我掃。〔旦〕掃了辛苦成病，無人通伏侍你。〔生〕感謝娘仔痛疼。你念着荔枝再莫猶豫。〔旦〕陳三你莫弄膽，踏着我脚你着死。〔生〕我那死，你也着死。〔旦〕乞伊人障説，也話通應伊？〔生〕今問娘仔乞一開處。〔旦〕泉州人識禮，亂亂唱喏（惹）。〔生牽（介）介〕〔旦〕陳三膽大，放手。〔生〕今天甘放？〔旦〕不放我叫。〔旦〕叫陳。〔生〕娘仔你叫，小人就跪。〔生跪〕〔旦〕恁起來，阮不叫。你丈夫人膝下有黃金，向跪阮姿娘人乜事？〔生〕禮下於人，必有所求。〔旦〕放手。〔生〕今着叫一聲三哥即放。〔旦〕放，阮叫。〔生〕你騙我。

〔旦〕三哥，今放。〔生〕今着叫小人一聲官人即放。〔旦〕你只一人上心，不是叫你三哥，大且喜了，又卜甲人叫你做官人。〔生〕緊叫官人。〔旦〕害，陳三，人來。〔生走〕〔生〕娘仔都那是騙小人。姻緣斷約卜值時，今問娘仔乞一古記。〔旦〕三哥你也莫得見淺。〔生〕君子之求，聽人所願。〔旦〕❶我看你都那卜打硬。〔生〕小人做乜敢打硬。〔介〕問娘仔乞一金言。〔旦〕我只處心驚脚手痹（庇）。〔生〕娘仔向虛驚做乜？〔旦〕亞媽得知，我倆得死。〔生〕娘仔那死，小人就同娘仔你死。〔旦〕阮便是怨切身命死，恁死正爲乜？〔生〕我千鄉萬里來到只，望共娘仔結成夫妻，娘仔你那死，卜我命做乜？ 不如共娘仔同死。〔旦〕倆當得障般好嘴。〔介〕三哥，阮出來久長了，恐阮亞媽尋我不見，阮卜入去。〔生〕娘仔共小人斷約一聲，乞你入去。〔旦〕待阮去即來。〔生〕既障說，乞你過去。〔旦〕不愛人假忠厚。〔生〕娘仔共小人斷約一聲。〔旦〕恁乞阮過去，阮啓你一深啓。〔生〕娘仔，你那一處，小人唱你一喏。〔生攔〕〔旦〕乜物向生，急死人！〔生〕障變面，即是袂得過去。〔旦〕阮不變面，恁行開，乞阮過，阮惜惜你。〔生〕娘仔你帶只處，我句惜惜你。〔旦〕值人卜你惜，一人到不聽人嘴。〔生〕你都不聽阮咀。〔旦〕聽伊人障般言語，甲我倆當得起。 三哥，阮一卜力親情放乞恁是年。 那畏恁家後有親，到許時誤阮身無依倚。〔生〕娘仔，你疑小人家後有親，就共娘仔咒誓。〔旦〕只誓惡咒。〔生〕就詛（咀）。〔旦〕你詛。〔生〕天，伯卿家後若有親。〔旦〕且慢，父也是親，母也是親，你咒誓着咒乞伊明白。〔生〕伯卿家後若有妻小，日後❷躭誤娘仔，天你譴責伯卿早死。〔旦〕三哥請起，一人到愛咒誓。〔生〕小人受盡娘仔你氣。【水車歌】〔旦〕你障說我只心肝都痛，阮倆甘負恁人情。 你倆曉得我心頭思想。

❶ 〔旦〕：原脱，酌補。
❷ 後：原脱，酌補。

〔生白〕娘仔你今想到了。〔旦〕爲君發業，心悶（無）惆悵。〔生〕娘仔共阮斷約一聲。〔旦〕咀不出嘴，八死不少。〔生〕人情意好，畏乜八死。〔旦〕人情初相識，終無怨恨心。咱今相惜在只心内，何用卜斷約。〔生〕既不共小人斷約，入去罷。〔旦〕你莫掛意，阮有真心，力恁丈夫人心腹句未着。〔生〕我堅心爲你失了千志，你想我是一幸恩負義。〔旦〕君你言語句句卜記，共君斷約，〔生〕斷約值時？〔旦〕須等待今暝三更時。〔生〕值人留門？〔旦〕恁留門。〔生〕娘仔不來是年？〔旦〕三哥，再不負約。若還不來，頭上是天。〔生〕若負小人年？〔旦〕我亦咒誓你聽。若還負君，促命早先死。〔生〕感謝娘仔真有人情。〔旦〕阮明知恁假意學磨鏡來阮厝行。〔生〕娘仔卜知，夭罵阮做乜？〔旦〕我罵你是瞞阮媽共爹。君你今障說，我只心肝越痛。〔生〕林厝親情今倆樣？〔旦〕懊恨丁蠱林大，早死無命。〔生〕娘仔倆捨得罵伊？〔旦〕每日催（推）親，我幾（己）轉爲伊險送性命。【餘文】我勸你，心把定，一世不負君人情，心神把定莫着驚。〔生〕娘仔既你真心，討一件物見阮做表記。〔旦〕三哥既愛表記，阮一時無物，權力只御羅手帕乞恁爲記。〔生〕娘仔，只個可輕。〔旦〕三哥你真個好笑，你不見古人說：物輕人意重。恁既愛重物，只桌椅（卓哥）來不好？〔生〕既障說，當人不當物，小人就收去。娘仔，今暝大事（志）不通相躭誤。〔旦〕三哥不必致疑。〔白〕早力荔枝爲定期，今將御羅爲表記。在天願爲比翼鳥，在地願成連理枝。

第二十七齣　益春退約

【掛真兒】〔旦〕共伊斷約是暝昏，躡（踗）脚行來心驚惶。〔貼〕常說等人易久長。莫猶豫，恐畏天光。〔旦〕燕雀爲巢鳩（鳴）佔居，無狀林大枉尋思。〔貼〕前世姻緣今世結，管乜狂風飛柳絮。〔旦〕益春，你入内去看亞媽亞公睏未？〔貼下〕〔旦白〕今暝斷約卜共三哥相見，一卜去，又畏後去丈夫人不敢重恁；一卜不去，又是恁失信。不免使益春去辭伊，叫今暝阮亞媽不若好，伏侍亞媽，看伊心中如何？〔貼〕關上堂門出外廳，返過屏風輕步行。亞娘，亞媽亞公都睏了，放早來去。〔旦云前白〕【孝順歌】我心神被情牽絆，進退不得，有千般艱難。算見伊，爲阮萬樣苦痛。又畏伊後去負心，莫到許時乞人傳説阮。【鎖南枝】〔貼〕今到只，莫推辭(時)，人情既許莫負伊。看恁只姻緣，通比青梅記。青春少女逢着風流子弟，且去人情做些兒。〔旦〕益春，你緊去緊來。〔貼〕共伊斷約爲荔枝，桑中濮(棋)上不負伊。〔旦〕只怕伊心休反側，明夜到處不負期。

第二十八齣　再約佳期

【醉扶歸】〔潮腔〕〔生〕相思病怨切身命，只苦痛不敢做聲。聽見城樓上鼓角慘，三四更聲。紗窗外，月光都成鏡。卜睏(因)又不成，强企起來閑行❶。看見墻外花弄影，莫是乜人在只月下行。輕輕仔細去聽，望面見，心着驚，都(共)是爲人情。我共伊人斷約，更深受盡驚惶，恐畏伊人負心了不來，話咀無定。誤我今暝，只處有意討無情。娘仔因乜不來？正是有約不來過夜半，閑敲棋子落燈花。且力只門掩上。〔貼上〕閑來閑去，爲伊二人通消息。別人私情，累阮生受。管取今旦會成就，正是窈窕淑女，君子好逑。三哥門都關。〔生〕幾番思量卜起，聽見門嗚又畏不是。一暝聽候不敢去睏，又畏伊來相耽置。〔貼〕開門匕匕！〔生〕

❶ 行：疑脱，酌補。

聽見人叫門，我心帶疑。是誰？〔貼〕是益春小妹。〔生〕待來。〔生見〕是小妹，請入内。〔貼〕到只處着入去。〔生〕門開見是你，偷心歡喜，即知小妹有阮心意。恁亞娘在值？〔貼〕阮亞娘來在許外。〔生〕你去請來。〔貼〕那你去請。〔生〕小妹同我去請。〔貼〕你井是請鬼，阮那是騙你，亞娘不來。〔生〕伊共我斷約，倆通不來？〔貼〕礙阮亞媽身上不若好，卜聽候亞媽，不得來。〔生〕好見無緣，可有乜話寄你來説？〔貼〕有話卜説。〔生〕共阮呾。〔貼〕言語寄探你，十分惡推辭。礙恁人情，知你是假意來阮厝行。〔生〕伊那知也好。〔貼〕見你受苦，伊心頭痛。〔生〕伊卜痛我，做乜不來？〔貼〕愛來見你，又畏伊媽爹。使阮答你，不甘斷情。〔生〕亞娘歡喜，愛來也不？〔貼〕伊偷心愛來共恁結做夫妻，合歡是定。〔生〕感謝（九刈）小妹你有心。感謝小妹相照顧，今旦無恩通相補。〔貼〕值人卜共你討恩？〔生〕幾返謔你❶上落脚酸，同阮只床上坐。〔貼〕小妹一身襤襤褸褸（喃喃攻攻）❷，做乜好共尊兄許處坐！〔生〕你莫嫌阮枕蓆粗，勞堪我小妹，好緣相鬥凑。〔貼〕阮又識一乜好緣！〔生〕你拙大都不識好緣？看許鸞求鳳友鴛鴦配偶。〔貼〕❸鴛鴦便（被）成雙，值處有三個？〔生〕三個未是多。正是惜花人起早，先沾雨露。〔貼〕三哥莫起只心意。〔生〕只也是愛小妹你。〔貼〕恁向愛？既讀詩書，不識禮義。阮是亞娘身邊簡兒。〔生〕那叫你在亞娘身邊即惜你。〔貼〕誰卜你惜。况又未諳風流事志。〔生〕小妹你不識，阮教你。〔貼〕誰卜你教？願恁雙雙二好，許時愛阮容易。益春雖是野花嫩草，倆肯隨風倒地。〔生〕幾番累你成相謔，今旦相謔成相惜。〔貼〕三哥是乜形？

❶ 謔你：於此詞意是「勞煩你」，但「謔你」的字義是「戲謔你」，從刊本，存疑。

❷ 襤襤褸褸：原作喃喃攻攻，後兩字原版不明，似攻攻，無義。疑爲借音攻攻。

❸ 〔貼〕：原脱，酌補。

〔生〕三人二好，一人着謔。幾番爲阮，功勞不少。〔貼〕只一句話呾得是，你那知有功勞，是金是銀，提來謝阮，莫得做一形狀驚人。〔生〕千金不足補報，那憑（辦）真心共你相惜。〔貼〕陳三色膽大如天。〔生〕只一簡仔都通叫我名！〔貼〕不是你無正經。〔生〕障青面？〔貼〕罵你也敢。瓜田李下也畏人疑。〔生〕只處誰人疑（宜）？〔貼〕值見隔牆花，强攀做連理（里）。〔生〕隔墙花攀來即巧。〔貼〕那畏恁無許命。〔生〕阮倆年不好命？〔貼〕那畏你命怯，福無雙至。阮亞娘那卜知，你只樣所行不正。伊嫌你貪花亂酒，許時反悔不遲。阮娘仔伊是千金閨女，都不强過阮奴婢。〔生〕近水樓臺先得月，小妹你共我只處得桃一下。〔貼〕你障緝緝捉捉❶，我那共阮亞娘呾，你一場功德做許草内去。〔生〕人那是共伊滚，伊估叫是真實。〔貼〕説滚，頭向動，你是都來。〔生〕是阮一時不着，小妹莫切。〔貼〕行開，乞阮過去。〔生〕拙變面，你着笑，即乞你過去。〔貼〕阮今笑了，乜形向生？〔生〕大下即笑。〔貼〕許一脚是攔了。〔貼走〕小妹八死人。〔生〕共恁娘仔説，甲伊放早來。〔生〕看恁一點有真心。〔貼〕想你膝下無黄金。〔生〕一心爲娘千般苦。〔貼〕獨自歸去獨自眠。

第二十九齣　鸞鳳和同

【掛真兒】〔生〕天色漸昏月又光，娘仔斷約是暝昏。有緣今暝來相見，無緣那就今暝斷。伯卿今暝共娘仔斷約相見，更深了，因何不見來？也見苦，正是等人易老。想娘仔那卜有心也不畏，不免力只門來掩上。

❶ 緝緝捉捉：動手動脚强拉人。原作執執力力，近音借代，無義，故改。

【大河蟹】〔旦〕暗静開門躡(捻)脚行，姮娥知阮爲人情。心神迷亂都不定，思量低(底)頭獨自驚。爹媽得知都無命，未知緣分成不成。今暝共三哥斷約相見，阮今來到只處，因何都關門？不免試踢(達)一下。元來都掩上在只處，不免搡(速)入來去。元來三哥力火點光光只處睏。你每時發業斷約，今暝相見，割捨得只處睏，想見前世共伊無緣。也罷，返來去。〔介〕阮一卜返去，伊醒都不説伊睏不知，那叫阮姿娘人話説無憑。不免力只頭上金釵拔一隻放下伊身邊，待伊醒來見釵，也叫阮孜娘人有信。〔旦〕你因乜障貪眠，乜乜。

〔旦避介〕〔貼上唱〕【勝葫蘆】更深後，因乜人做聲，輕步欹(欺)耳聽。不是隔墻花弄影，莫畏是蟋蟀鬧秋聲。

〔旦見貼介〕亞娘，三更半夜來只處做乜？〔旦〕我見月光風静，來只處賞月。〔貼〕都不叫益春伴亞娘賞月。

〔旦〕畏你聽候亞媽，不得來。〔貼〕你因乜不肯説分明，簡知亞娘你是爲人情。〔旦〕益春我今力拙話説乞你聽，看伊真個無人情。誤我一身，險送性命。説起前日心都痛，益春，邀你輕步躡脚行。三哥睏不知醒，阮頭(來)上拔一枝金釵下(於)伊身邊，待伊醒起來見釵，定叫人不失信。〔貼〕娘仔，你都不畏了壞伊人性命。

〔旦〕做乜會壞伊人性命？〔貼〕亞娘都不見古人説：當初郭華共花嬌女約定許暝相見，花嬌女來時，郭華貪酒，睏不知醒。花嬌女見伊睏不知，將弓鞋脱覓伊身邊爲記。郭華醒來，不見花嬌女，將弓鞋吞而死。亞娘，你都不畏許時了那成故煞，亞娘你着去賠伊人性命。〔旦〕既然障説，你入去將許釵提出來。〔貼〕簡入去可生分。〔旦〕鬼仔，你入去無事。〔貼〕亞娘入去可熟，簡共亞娘同入去提。〔旦〕你先行。〔貼〕亞娘先行。〔貼生〕❶〔旦避，貼下〕〔生〕我看都是娘仔共益春聲説，醒來因乜不見？我曉得：娘仔來，見我睏，着急

❶〔貼生〕：疑爲貼叫醒生。

返去除。罷罷，是我不合睏去，不知醒除，既然娘仔着急去除，我當初爲你受盡苦痛，即來到只，伊都不念着我，我不免辭除九郎公返去，免得只處割吊。〔貼〕三哥且帶着阮勸。〔生〕恁娘仔來在值處，叫伊來。〔貼〕三哥因乜障貪眠，姮娥偷出廣寒宫，今暝贊（在）恁成就只姻親。〔貼下〕〔旦生介〕娘仔卜入來便入來，⿰口店❶只前後驚人乜事？〔旦〕乞恁睏，即莫得叫恁，攪恁眠。〔生旦唱〕【八聲甘州】鸞鳳和同，幸然魚水相逢。千般計較，枕上恩愛不甘放。虧我門外千萬等，辜負只處守空房。今恰是玉邀金，一般相襯。【皂羅袍】〔貼上〕門樓鼓返五更，心内半驚半歡喜，又畏阮娘仔睏不知醒。只二人是大膽，門樓鼓返五更，鷄聲報曉，睏拙晏不見起來，不免驚一頓。〔貼上叫門〕是誰？是益春。〔旦〕入來便入來，乞阮驚一頭冷汗都滴。〔貼〕許是亞娘風流汗未乾，簡卜驚陳三，敢驚阮娘！〔旦〕今莫叫伊做陳三，叫伊做官人。〔貼〕娘仔説話好笑，許陳三共簡一樣人，甲簡叫伊做官人？〔旦〕今阮都叫伊做官人了。〔貼〕既是障説，人情做乞亞娘，今請官人出來相見。〔旦〕三哥出來，是益春。〔生〕聽見門鳴驚半死。你卜入來便入來，⿰口店前⿰口店後，不成出不成入，驚人。〔貼〕官人娘仔請坐。慶賀娘郎，青春年紀。〔生〕感謝恩深無比。〔生介〕〔旦白〕官人袂做人，共簡仔乜禮？〔生〕那論功勞，不論貴賤。〔旦〕你尚（常）且在我面前緝緝捉捉，我不見面句㑆樣？〔貼〕官人是不做人。〔旦〕乜事？〔貼〕昨暮亞娘使簡去，官人緝緝捉捉簡。〔旦〕亞媽醒未？〔貼〕亞媽未醒，天卜光了，返來去。〔生〕小妹，今卜共阮斷約值時？〔貼〕只事着問阮亞娘，問阮做乜事？〔生〕恁亞娘説無定，小妹你説可實。〔貼〕既然障説，阮贊你去問亞娘，你今共官人句卜斷約值時？〔旦〕今你共伊斷約，阮不曉得。

❶ ⿰口店：俗字，借音，應爲莫，義爲「站」。下同。

〔貼〕只便是亞娘的事，甲益春斷約乜事？〔旦〕鬼仔，起頭❶也是你，煞尾也是你，今共伊斷約十五暝。〔貼〕再共恁斷約明旦三更時。〔生〕小妹你卜去。〔貼〕來□人情做歸一乞恁，天色句未光，恁雙人再去説話，阮去聽候亞媽。〔貼下〕〔旦問〕益春去了，阮也卜去，畏亞媽醒了尋阮，阮只心内驚驚。〔生〕娘仔今不畏，驚過了，天色句未光，再共娘仔説話。【皂羅袍】〔生〕見説洛陽花似錦，果然娘仔有只真心。❷〔旦〕江水雖深，無恁人情深。〔合〕雙人做卜如花似錦，思想起來，悶割人心。〔旦〕爹媽若卜得知了，爲君喪（送）身。勸君千萬莫得忘情，阮今生死那卜爲恁。〔生〕娘仔你莫得心悶，阮不比王魁負心。天地責罰，定都如神。〔旦〕君你有意，阮今惜恁如金。穿綫入石，也卜共恁一樣心。【尾聲】有緣千里相見面，那憑荔枝結姻親，記得今暝恩愛深。

野外看花滿地開，林中連理共枝栽。百年夫婦今宵會，一段姻緣天上來。

第三十齣　林大催親

【賞宮花】〔净（丑）〕林郎風騷，打扮不輕可。近日卜娶某，好得桃。滿廳諸親來慶賀，我只仔婿無處討。小子姓林，叫做大鼻。貪花亂酒無時離，有金有銀有田地，那是可惜婚頭遲。阮媽共阮説，擇只九月重陽卜娶某度我，甲我先去共媒人説，甲阮丈人九郎公辦嫁妝。今不免來去共李婆説一聲，行長街過短巷，只處便

❶ 頭：疑脱，酌補。

❷ 以下這段對唱，未標示誰唱，酌補。

是媒姨門兜，不免叫一聲。〔叫介〕〔丑内應介〕是誰？〔浄〕是林大爹。〔丑〕請坐，待來。〔丑〕姻緣該哉（載），都是命推排。那畏五娘仔皺雙眉。林厝官人外頭請，定是卜討姻緣事。〔丑見〕〔浄唱〕【縷縷金】仗媒姨，我說乞你聽，約定只九月卜娶娘仔，免得我暝日費心情。〔丑〕九月可緊，恐畏嫁妝未便，再擇別月亞。〔浄〕❶別月不是娶某月，煩你只去說卜分明。〔丑〕做媒人，有主張，姻緣好事志，莫比如常。安排好禮聘，在人手上。金花表裏共猪羊，好仔婿，打扮也卜風流。〔浄〕我只仔婿誰會可强？安排好大轎，七八人扛。〔丑〕轎那是四人扛，林大爹好茹魯，七八人扛是倆年？〔浄〕你真村人，阮公許時送喪三十二人扛。〔丑〕只娶某是吉事，許便是凶事。〔浄〕今那用四人扛。〔浄〕安排好大轎三四人扛。大銅淳愛鼓❷排都成行，展起青春仔婿郎。〔丑〕你卜乜謝我？〔浄〕謝你金花表裏，插卜銀瓶花捲。擇定九月卜娶（取）親，煩你只去說來因。只去若能（煩）說得准，銷金帳内啰哩嗹。

第三十一齣　李婆催親

【菊花新】〔外〕着仔割吊心焦灼，算得來做倆得好。仔兒不願嫁林厝，那畏姻緣不朝羅❸。金井梧桐葉落枝，返頭不覺又一年。一年一歲人易老，更無二度再後生。那因仔兒不願嫁林厝，暝日苦切，做倆得好。

❶〔浄〕：原脱，酌補。
❷大銅淳愛鼓：疑爲迎親鼓吹陣。
❸不朝羅：疑爲不牢固。

只事且覓一邊。不免叫陳三收拾租數❶，共我上莊討租。叫得陳三過來。〔生〕落在屋檐下，曾敢❷不低頭。九郎叫做乜事？〔外〕你力西軒内租簿收拾，共我去赤水莊討租。〔生〕陳三就去。〔生下〕〔丑上〕着意栽花花不發，等閒插柳柳成陰。〔丑見〕九郎萬福。〔外〕媒姨請坐，媒姨來貴幹？〔丑〕婆仔無事不登三寶殿。因林官人擇只九月卜娶千金親情，婆仔直來説知，乞九郎放早辦嫁妝。〔外〕男大當婚，女大當嫁。那是我仔心中不願，做倆得好？【四邊静】親情既(記)許不推辭，仔兒無所見。不願嫁林厝，暝日苦切啼。不肖仔兒無所見，姻緣天注定，算來無差移。〔丑〕婆仔上覆(福)黄九郎，須着辦嫁妝。姻緣好事志，莫得説短長。男婚女嫁，年紀相當。古禮迎書燭，擇日卜來上門。擇卜九月來娶親，迎書送禮着冰人。五百年前天注定，百年偕(諧)老枕上眠。〔並下〕

第三十二齣　赤水收租

【步步嬌】〔外〕出只郊外天漸光，蕭蕭(消消)西風返。赤水路頭長，馬轎相倚去上莊。田租收卜全，明旦因勢返。只處正是赤水莊。〔生〕好説九郎公得知，面前有一陣人來，想是佃客來，九郎請坐。〔丑上〕〔净唱〕我是赤水莊田甲頭，等得日都晝(罩)，九郎今即到。頭牲有幾個，白米三五斗。醬瓜共春笋，聽候接使頭。〔生外見介〕九郎來了，都不知等接。〔外〕來，值個是甲首？〔净〕老的是甲頭。〔丑〕翁仔是柴頭。

❶ 租数：租賬。
❷ 曾敢：怎敢。下同。

〔外〕爲何是甲頭？　爲何是柴頭？〔浄〕老的甲頭，趕谷上倉。〔丑〕翁仔柴頭，趕柴入竈。〔外〕正是障生。來亞，甲頭，我先有批來，甲恁來扛轎，做乜都不來？〔丑浄白介〕人都無工，上厝大的去鋤草，下厝第二的去落田，上山福仔不在厝，下厝糞父去撈水溝。〔外〕來，衆佃户人，舊（田）租都赦除，新租限三日都卜完。〔浄丑白介〕九郎公亞，今年無收，新租舊租都赦除。〔外〕翁仔那收三斗谷，食去二十八升，另剩二升卜做種。〔生〕今年大收，做倆説無收？　甲頭，你去共衆佃户人説，今年新租都卜完上倉，我自有裁處。〔浄〕只後生，九郎帶你出入乜用？　都不去趕谷，那使嘴使老人。〔生〕老禽獸莫無理，走！〔浄〕只後生好青真，阮新婦也未敢罵我老禽獸。〔丑看浄白〕親家你罵不着人了，你知？〔浄〕許後生是誰？〔丑〕你去看，看是誰？〔浄看介白〕親家，佚了，匕匕，人謟泉州三爹。〔浄〕正是泉州三機宜❶，伊來只處卜做乜？〔丑〕我曉得了，親家伊來無別事，定是卜共九郎公買田，共伊來認佃。〔浄〕親家，我有思量，哄九郎公去看倉厝，恁使來問三爹。〔丑〕親家説是。〔浄〕好説九郎公得知，拙年雨多，倉厝盡熳爛，袂底得谷，請九郎公去看，合該從理。〔外〕只話説得是，我去看一看。〔浄〕治仔，討門鈎（鈞）來開倉門。〔外下〕〔丑浄白介〕三爹拜爹，佃户大膽，恕罪，三爹只來正是卜共九郎公買田，來只處看田？〔生〕衆佃户，都請起，九郎公正是我義爹。〔外上看介〕陳三，你入内去記簿數。〔生下〕〔外白〕恁衆佃户人做乜識伊？〔丑浄白介〕九郎公你好不識人，只是泉州朋山嶺後陳運使親小弟，伊兄現任廣南運使，伊叔四川知州。伊也有一大莊田在赤水。〔外〕伊有若田在只處，可有若田客（有）？〔浄〕伊有五百田客，九郎公那有五十名田客，那教伊做，袂借也好。〔丑〕阮只處

❶ 三機宜：疑爲「三爹年」。

值人不作伊田？值人不住伊厝？值人不食伊飯？值人不牽伊牛？值人不看伊羊？〔外白〕陳三也句是好人仔，返去必須周旋伊，内頭叫得陳三出來，分付伊。陳三你是好人仔，來我厝，因何不説乞我知？〔生〕好説九郎得知，陳三厝住泉州，也是好人仔兒。因爲官府，逃離出來，暫時落泊。〔外〕你去提簿出來，叫衆佃户都報新名，納有若谷？〔生報，净白〕老的小名叫尾仔，表字叫常説。〔丑〕翁仔小名叫糞掃，表記叫門後。〔生〕都記名完了。〔外〕衆佃户，聽我分付。【梨花兒】〔外〕今年雨水滿洋落，十分有收也叫無。遞年納谷五百石，嗏，有收無收問你討。〔生〕佃户近前聽我説，便叫田客來省會。每年納谷五百石，嗏，有收無收你着賠。〔丑净〕三爹説話，佃户一一着聽，便叫佃客來報名。遞年納谷五百石，嗏，破襦破被緊緊着扶行。〔生〕好説九郎得知，陳三早起得一病，頭敢都不顧得，愛卜返去調治。若略好，便來莊上尋九郎。〔外〕我正卜用你記數，你又病，返去調治。待我叫幾個田客扛你去，好來尋我。〔生下，净白〕今旦飯卜送來莊上食，那卜就佃户厝食？〔外〕那就你厝食也好，免得擔來生受。〔净分丑介〕治仔，快去叫恁母討飯，向説叫使頭卜來食，起動使頭到翁仔厝。〔入〕赤水收田在溪邊，雨水平落感謝天。五穀豐登人樂業，新年願卜强舊年。

第三十三齣　計議歸寧

【西地錦】〔生〕更深寂(什)静斷人行，心悶憹憹爲着人情。〔旦〕那爲二邊好恩愛，果然色膽不驚。恁今相惜如惜金。〔生〕恩愛做卜海様深。〔旦〕今暝還恁鴛鴦債。〔生〕風流做鬼也甘心。〔旦〕三哥，你共阮爹赤水收租(莊)，因也先返來？〔生〕娘仔聽説，我去赤水莊上，五百田客等接，當你爹面盡叫我做三爹。我見不好徛起，即假病辭你爹返來。〔旦〕三哥，人説河狹水緊，人急計生。〔生〕娘仔因何説只二（三）句。〔旦〕林厝擇只九月卜娶親（青），卜做僀好？ 今有乜思量？〔生〕既然障説，我有思量。趁你爹在莊上未返，你共阮走去泉州。 待林厝卜娶親，若是告狀，你爹定賠伊聘禮。待許時事志完了，即返來。 娘仔你心中是僀樣❶？〔旦〕古人説：話説卜斷，路行卜遠。 你只處都只樣，到恁厝三言二語，到許時即見苦。〔生〕娘仔亞，想陳三也不是三心二意（幸）的人。〔旦〕既然障説，待阮叫益春出來商（相）量。〔旦叫〕〔貼上〕聽見娘仔叫，輕步躡脚行。 亞娘叫簡乜事？〔旦〕來，益春，因林厝擇九月卜娶親，做僀得好！ 三哥甲我共伊走去泉州，我心中愛得共你相伴去，你心中僀樣？〔貼〕亞娘，你都不見古人説：共君睏破九領席，知君心腹乜落着？ 共人好不通好到盡，伊泉州怯。 亞娘，你乞伊騙值處去賣除即好。〔旦〕想三哥不是許一等樣人。益春，你莫疑可過。 你共阮到泉州，天大事也莫煩惱，自有人耽帶。〔貼〕你那卜去，做僀捨得亞公亞媽？〔旦〕阮起頭割捨得，到只其段是無奈何。〔貼〕既然障説，待簡共亞娘去。〔旦〕你共我入綉房内去收拾行李盤纏，因時起身。〔貼旦上唱〕【西地錦】三哥你聽我説起，只姻緣不是咱（賴）今世。〔生〕只是咱（恁）前世夫妻結托，今即來到只。〔旦〕自恨我生在別鄉里，天差你共阮相見。〔生〕今願學青梅崔氏。〔旦〕看古人，有只例。〔且〕❷翻來覆去，未有定期。 阮今一身，全怙我君主意。〔生〕我今共你走返圓。〔旦〕路上去，也畏人相盤問。〔生〕去路上我自有主意。〔旦〕恐畏林大告官來捉（力）。〔生〕任伊林大富貴有錢，伊敢共我打乜官司？ 叫益春收拾行李（里），就今暝走離只鄉里。〔旦〕君你百般那爲阮，受盡辛苦受盡磨。 生死不甘

❶ 樣：原本此字難確認。

❷ 且：此字原本小字，似衍字，存疑。

割捨，共君出外。乞人做罵名，阮無奈何。但願當天燒香下紙，路上去畏乜林大。〔貼〕七月十四三更時，三人同走出只鄉里。〔旦〕君恁有心阮也有意，月光風静，是好天時。〔貼〕打併錢銀卜簡身邊，路上去做盤纏。〔旦（生）〕捻起只衣裳，打扮卜齊整。咱今三人，因勢卜行程。〔生〕娘仔你頭上釵，插卜端正。十四暝月光，照見咱三人形影。咱今三人惡割捨。〔貼〕有心到泉州，畏乜山共嶺。打緊走來去，又畏人趕捉。

第三十四齣　走到花園

【四邊静】〔旦〕走到花園心都碎。〔生〕娘仔苦切做乜？〔旦〕也曾共君園内相隨，共君相惜，心夭未飽醉❶。〔生〕娘仔强企行上幾步。〔旦〕隨趁君走，心頭即開。三哥，我譬論你聽。〔生〕譬論乜人？〔旦〕當初好烈女，棄死身爲誰。捨身到只處，準做恁厝鬼。若還不中恁厝爹媽乜解圍（改爲）？許時（是）節，各選别頭對。舉目無親，甲阮看誰？〔生〕娘仔莫想東共西，去到泉州好怯即知。〔旦〕放覔爹媽共君走，情重如山，恩深似海。上高落下。〔生〕娘仔捍定❷。〔旦〕路細險隘。值處鼓鳴？〔生〕正是城樓上鼓發擂。〔旦〕又聽見城樓上，喝喊返更牌，驚得我脚酸，步行不進前。〔生〕益春，共恁亞娘，力脚帛（白）解除行。〔貼〕伊當初爲你辛苦萬千般，咱今旦爲伊脚痛也着行。〔旦〕爲君你辛苦不敢呾，目滓流落不敢做聲。憶着我厝爹媽心頭痛。寸步惡起受盡驚惶，〔合〕值時得到泉州城。〔貼〕益春説乞官人聽，阮厝娘仔不曾八出來行。行

❶ 醉：原脱，酌補。
❷ 捍定：安定。

來脚又痛，山巔崎如壁。〔生〕感謝你好意，扶持恁娘仔，逃(頭)得身走離，我心即歡喜。〔旦〕爲君辛苦無奈何，目滓愛流就腹内化(花)。〔生〕感謝娘仔，一路爲阮人情。〔合〕返頭聽見鷄啼犬吠聲，打緊來去，畏人來捉。〔並下〕

第三十五齣　閨房尋女

【大迓鼓】〔丑〕日上東廊照西廊，不見五娘起梳妝。不見陳三起掃厝，不見益春點茶湯。早起樹鳥叫，挈人心酸。陳三昨暮日在莊頭返來，説伊身得病。早起拙晏，睏都不見起來，也不見五娘起梳妝，也不見益春煎茶湯。早起樹鳥頭上叫，必定有蹺蹊，厝内叫得小七出來。〔净〕七早八早，叫人乜事？〔丑〕你去看陳三好亞未？甲伊起來掃厝。〔净〕陳三都不見在許房内睏。〔丑〕不值去？〔净〕莫畏是上東司(屎)掉落(加留)厠内？〔丑〕你去尋益春，甲伊叫亞娘起來梳頭。〔净〕益春也都不見。〔丑〕莫畏起來在亞娘綉房内去了？你去亞娘綉房内去尋伊來。〔净〕連亞娘都不在綉房内。〔丑〕死狗，待我去尋。〔介〕害了，天日亞，陳三五娘益春都不見，必想只三人相挈走了，卜乜煞！小七，你去莊頭報乞亞公知，莫説五娘陳三益春走了，恐畏衆佃户知了。那叫是只厝人尋伊，甲伊放緊緊倒來。〔净〕我當原初❶共亞公説，叫許泉州人怯，不是物。亞公貪伊生得清水，卜打伊獅。〔丑〕晴盲頭，莫茹呾，緊去緊來。〔净〕我脚痛，句袂得向行緊。〔丑〕許後馬房牽驢母放騎去。〔丑〕不見仔兒皺雙眉。〔净〕思量那是只奴才。〔丑〕樹烏客鳥同枝宿，好怯全然未

❶ 初：原本脱，酌補。

得知。

第三十六齣　途遇小七

【地錦襠】〔外上〕我今收租都完備，因時收拾轉鄉里。正是回馬不用鞭，一里過了又一里。〔净〕心忙行來緊，脚痛手〈束〉又酸〈胲〉。〔外〕小七，你慌忙趕來有乜事？〔净〕咱厝有凶事。〔外〕禽獸，凶事做侢説？〔净〕昨暝小八力亞娘益春都挈走除。〔外〕小八力亞娘益春都挈走除？〔净〕正是。〔外〕是虚亞是實？〔净〕是實實。〔外〕天日亞，做侢好？是我一時都不疑，莊上假病托故返院。今旦惹出只事志，思量反悔也可遲。〔净〕叵耐小八可無理，力亞娘益春挈走不見。思量起，乜心悲，憶着益春那好啼。〔外〕今到咱厝了。小七，叫亞媽出來。〔净叫〕〔丑上〕關門厝内坐，禍從天上來。〔見介〕〔丑白〕老的返來了，不肖子昨暝共人走除。〔外〕你只老虔，飼仔綉房内，無半目去巡視，卜你乜用。〔丑〕莫説你檐頭插紙，引鬼入宅。當初親情是你做的，嫌女婿醜貌不中仔意，即會障生。〔外〕你幹乜事！【綉停針】惜仔如惜金，誰知伊心去同别人心。叵耐陳三可僥倖，力仔挈走不見踪，死賊奴你虧人至甚。〔外〕是我當初無所見，全不覺悟通説乜。假學磨鏡都不疑。罷罷，都是我錯了，一來不合收陳三只厝内，弄出醜事。〔丑〕今緊緊甲人去拿。〔外〕陳三也是官蔭人仔，我共伊去莊上，田客個個叫伊做三爹，説伊兄現〈見〉任廣南運使，伊叔任四川知州，家後乜樣富貴。赤水莊有咱十倍田，共恁仔是前世姻緣，乞伊走得到厝也好。〔丑〕林厝卜討新婦，甲阮共伊去？〔外〕林厝任伊去告，那是賠伊財禮便罷。

父母惜仔如惜金，誰知仔兒無同心。是我當初無所見，弄出一禍這樣深。

第三十七齣　登門逼婚

【風檢才】〔净〕我是潮州林大爹，打扮是消勞❶。頭上戴（帶）帽，脚下穿靴，今旦日來見某爹。只處正是阮親家厝，因乜都無人在只應上？不免叫一聲。〔外〕無事關門厝内坐，悶在心中誰得知。〔净〕親家唱喏。〔外〕賢郎莫怪。〔净〕我不是家神，袂怪人。〔外〕失禮。小七，討椅來坐。〔净〕親家扯久都好？〔外〕暫時過日。〔净〕親家高姓？〔外〕老拙姓黄。〔净〕大肚黄，也是三畫王？〔外〕正是大肚黄。未知賢郎來只貴幹？〔净〕今日卜來見我娘仔。〔外〕那卜見娘仔，也着媒人來。〔净〕阮媽見人説，娘仔益春乞陳三挈走了，阮媽甲我來看是不是。甲娘仔出來，乞我見一下。〔外〕只禽獸好無狀，只話是誰説？那卜無乞你見是？〔净〕無乞我見，定要告你。〔外〕告我乜事？〔净〕告你討某。〔外〕誰欠你某？〔净〕你欠我某。〔外〕你一形狀，不親像猴，不親像鬼，誰人卜嫁乞你？〔净〕你無某還我，定告到官司。〔外〕我看你一形向生，識乜官司？【四邊静】〔净〕我告你收我聘禮。〔外〕誰人收你聘禮？〔净〕❷騙我金銀去可多。〔外〕誰人收你金銀？〔净〕縱容奴婢共五娘走，看你幹一乜藝。告到官司，乜話通改。許時不存你老大，打你加川❸，某了也着還。〔外〕看你本事我未見，那會中飯屎肚滿。是我仔共你無緣，怨你呆痴。〔净〕只樣仔婿不中你，世

---

❶ 消勞：疑爲瀟灑。

❷ 〔净〕：原脱，酌補。

❸ 加川：常寫脚川，應爲尻脽，即屁股。下同。

界討無。若還討無某還我，定要告你。〔外〕看你不識道理，識乜官司。任你去告，便卜倆年。那是賠你禮聘，不驚些兒，定卜贏你林大鼻。小七，舉槌仔來，力林大鼻打一頓乞伊去。〔浄〕黄忠志，你甲小七打我，我卜不走不是丈夫仔。〔浄下〕〔外白〕畜生只様無狀，罷罷，是我不着。伊今必定去告我，我不免去當官去共伊明白。重賠聘禮，別無大事。〔入〕正是人無遠慮，果然必有近憂。

第三十八齣　詞告知州

〔丑〕一字入公門，九牛拖不出。小人是本州堂上牌頭。説都未了，老爹來到。唱畏畏。❶【西地錦】〔末上〕做官清正有名，恰是光月照東京。民人樂業，天下自然見太平。國正天心順，官清民自安。下官姓趙，名德（得），一任知州，百姓人盡都歡喜。今旦是告狀日期，左右掛起放告牌，乞人告狀，不許阻擋。〔丑分付介〕〔浄上〕告狀老爹。〔末〕告甚麽狀？〔浄〕告討老婆事。〔末〕討老婆是姦情的事。〔浄〕不是，老爹，是拐老婆。〔末〕左右，接上來看。〔丑接讀介〕告狀人林大鼻，年三十四歲，係在坊民籍。狀告縱奴姦家長女事。先年憑媒李大嫂用銀二百兩，送到坊民黄忠志家，收準爲聘禮，對伊女黄五娘爲婚，未完娶。不期忠志養得泉州客人陳三在家爲奴，縱容伊女與陳三通姦情實（厚）❷。本月十五夜，叫同使女益春，跟同陳三私奔走去泉州。至次早，大鼻聞知，前去娶婦，致被忠志怪恨，辱伊門（明）風，欺凌良善，歹行不認前，强將大

❶ 唱畏畏：疑爲衙役在公堂上的例行吆喊。
❷ （厚）：原本此字難確認，疑爲衍字。

鼻亂打。無奈走回，備情乞告捉獲黃志到臺鞫(鞠)審。庶免用財娶婦，被其拐走無歸；庶免風俗有乖，受虧罔屈。具告。〔末〕有這等情無？〔净〕有亞，老爹。〔末〕是實情不是？〔净〕果有這情，小的不敢誣告。〔末〕叫刑房吏過來。〔末〕將此一張狀替我上案，就出牌差捕，甲皂隸星火去拿。林大原告，召保明候。〔入〕叵耐陳三無思量，敢來拐走黃五娘。此去若還捉得着，一場官府受虧傷。〔下〕

第三十九齣　渡過溪州

【金錢花】〔净丑扮船〕新做渡船走如蜂，紙船須用鐵艄(稍)工，匕匕。兄弟過船不放空，莫説我，只船是浪蕩，一日有千萬人。〔生旦貼上〕三人走到赤水溪邊，匕匕，未知過溪着若錢，匕匕。一隻小船在岸邊，來載阮，不論錢。過了只溪即歡喜。〔净丑介❶唱〕船仔駛在溪中游，匕匕，問你三人去值州，匕匕？有乜話共阮説，乜利市，乞阮收，載你三人過溪州。〔生旦貼唱〕待阮等到日都晝，匕匕。坐人不知徛人苦痛，匕匕。金釵乞恁準花紅，千萬莫説阮三人，莫得牽山那匏動。〔净丑唱〕聽恁障説阮便知，匕匕，有乜金釵便提來，匕匕。娘仔寬心莫煩惱，阮嘴密成米篩。有人問我叫不知。〔生旦貼〕待阮説乞恁聽，阮三人都是親情。伊是小妹阮是兄，只是簡，相共行，卜去泉州探親情。〔入白〕渡船拋泊在溪州，一任江山一任游。水鴨鴛鴦拍櫓動，飛入蘆花不知收。〔並下〕

❶ 介：原本此字難辨認，存疑。

第四十齣　公人過渡

【卒地當】〔丑外〕批文緊急捉私情，連暝透暗也着行。走到只處脚又痛，陳三五娘不見影。兄弟亞，只是赤水溪，溪水緊，惡得過。〔外〕都有一隻渡船仔在許上過來。〔丑外叫介〕船載阮過赤水。〔末白介〕兄弟莫了踏破阮船。〔丑〕快快載我過去。〔浄〕兄弟亞，搭船須用錢，有錢也無？〔丑〕阮有錢。早起有丈夫共一孜娘，又有一孜娘簡仔過去亞無？〔末〕有三人過去了，伊分付甲阮莫得説。〔丑〕去有若久？〔末〕恁問伊卜做乜？〔丑〕伊三人是相挈走，阮是官司差卜去捉伊。〔末〕向説，即在只前頭去。〔介〕只船載恁過溪邊，阮也不收恁船錢。〔外（浄）〕恁乜事不收錢？〔末〕恁是公差人，收恁錢討自吊。〔外（浄）〕阮今憑你説下落，若卜不見你着纏。〔並下〕

第四十一齣　旅館叙情

【秋夜月】做緊匕匕，且趁日頭未❶，那恨襪小弓鞋短。爲着人情到只處，又畏爹媽趕來尋。定是惹出一場禍，彩（採）雲易散琉璃脆。〔旦白〕官人亞，阮脚痛，都袂行了。〔生〕娘仔做緊行上幾步，前去便是客店。

❶ 此處疑脱「落」字。

〔旦〕我今寸步難行。【刮(括)地風】脚酸手軟行不起，依倚步步啼。腹内又驚又飢，卜捉着做㑳得變。恁今强企行一里，前去店内歇一瞑。益春，叫店主出來。〔貼叫，浄上〕行船坐鋪，不離寸步。〔見介〕恁卜歇店，請入内來。〔生白貼介〕店婆，阮行來辛苦，恁有好酒亞無？〔浄〕婆仔十分有好酒。〔生〕既是有好酒，打一壺來。〔浄〕釀成春夏秋冬酒，醉倒東西南北人。酒在此。〔浄下〕【江兒水】〔生〕一更鼓打月朦朧，照見恁三人。勸食一杯酒，且解心頭鬆(雙)，人情相惜不甘放(心)。〔旦〕二更鼓打月在天邊，勸君食些兒。半醉又半醒，半驚半歡喜，憶着恩情畏鷄啼。〔貼〕三更鼓打月正光，三人説起乜心酸。覓除爹媽在後頭，思量起來目滓流。〔旦〕四更鼓打月斜西，共君説盡今宵事。你莫學負心蔡伯喈，王魁賊乞丐，誤了桂英不瞅睬。〔貼〕五更鼓打天漸光，鷄啼聲鬧亂，娘仔起梳妝。菱花鏡抱來瞈，照見亞娘面青黄。〔生白〕天色句未光，未有人行路，不免辭除店主早行幾步。〔生旦貼走介〕【四邊静】〔生〕見説洛陽花似錦，果然娘仔有只真心。江海雖(須)深，無恁人情深。雙人做卜如花似錦。〔貼〕五更月落花園頭，五娘牽君目滓流。爲着君人情，割捨共君走。又畏天光，那畏人來捉，人情似水，刀劍破不開。穿綫入石，也卜共君相隨。〔旦〕共君斷約柳樹兜，風吹柳葉絆郎(半娘)頭。泉州路遠，匕匕，甲阮值時行得到，那礙爹媽在後頭。值曾(情)八出路，受只千辛。今旦爲君，識只路程。玉露濕透胭粉面，輕風吹送柳摇金。英臺山伯冤魂結深，是阮前世湊合恁。今旦爲君，論乜山嶺萬重。〔生〕緑水青山是畫圖，星光水現正好行路。一輪光月照見柳摇金，輕風吹送蓮花舞。感謝娘仔，煩動我小妹，今旦爲恁碧雲烟。三人行到藍橋路。神仙景行入帝王都。但願只去平安，心内即不見憂苦。〔入白〕憶着爹媽泪哀哀，娘仔寬心莫皺眉。樹烏客烏同枝宿，好怯全然未得知。〔並下〕

第四十二齣　靈山説誓

【粉蝶兒】〔末判净鬼〕❶親領娘娘敕旨，不敢違遲。神通變化無比，威風顯聖無偏，金爐内香煙不離。小神不是别神，便是靈山廟娘娘殿前着法判官便是。娘娘出去赴會未返，恐畏遠近弟子來廟燒香下紙，須着速辦威儀。〔净〕正是展起神通光一點，免得迷人暗處行。〔生旦貼上〕【縷縷金】行來到靈山廟口，判官小鬼把在門兜。廟前生草，無人行到。君恁先行阮隨後，三人入廟内，燒香告投，匕匕。〔生〕請娘仔燒香。〔旦〕官人燒香便是。〔生〕弟子是泉州人氏，在此潮州經過。恐畏前去路途不平，善願投娘娘保庇。〔生旦貼拜〕【蠻牌令】一齊告神祇，燒香獻紙錢，保庇阮三人走卜身離。乞靈聖暗相扶持，到泉州心即歡喜。許時來謝神祇，娘娘爾聖廟，阮來全新各起。〔生〕燒香了，做緊起身。〔旦〕官人，姻緣説卜盡，恁丈夫人嘴説無憑，莫待去到你厝虧心。益春，到只處誰人是親。〔貼〕官人，阮娘仔來到只處，即憶着厝。〔生〕娘仔到只其段即猶豫，娘仔既不信，待小人就娘娘面前咒誓。〔旦〕你咒。〔生〕有神明在阮做證明，到我厝若虧心，娘娘你報應譴責伯卿。〔旦〕【尾聲】君恁有心阮有情，到只❷其段説無盡，三人一齊行做緊。全望娘娘相推排，夫妻一對早和諧。〔下〕〔末净〕好生叵耐，三人空嘴哺（步）舌來下紙。只一丈夫便是泉州人氏，只諸娘是潮州人，二人是前世夫妻。今走來咱只廟内下紙，後去句有一大難，即會夫妻團圓。咱今迷乞伊走不離，乞人

❶〔末判净鬼〕：〔末扮判官净扮鬼〕。

❷只：疑脱，酌補。

捉着。〔下白〕差遣陰兵去迷伊，乞人捉去到官司。路遇伊兄都堂返，判斷雙人得團圓。

第四十三齣　途中遇捉

【金錢花】〔生旦貼上〕乜人喝喊聲起，匕匕，脚酸手軟提不起。〔净末上捉〕恁只三人走去值？〔合〕告將軍，可憐見。卜錢銀無半厘，饒阮性命返鄉里。〔净末〕阮不是賊，阮是知州差來捉恁三人。〔生〕官差跪伊做也！〔起白〕刀劍雖利，不斬無罪之人。你是乜人卜捉阮？〔净〕只一後生句可惡。阮公差，林大告你拐走伊某。現有牌面在只，你看一看。〔生〕誰卜看你牌面？干礙我乜事！〔净〕你夭諂，你是陳三。〔生〕誰是陳三？〔净〕你是五娘。〔旦〕誰是五娘？〔净〕你是益春。〔貼〕誰是益春？〔净〕都諂去。〔末〕第二個，伊是謔你。〔净〕來，後生的，我今年四十歲，當有四五十年皂隸了，莫謔我。〔生〕障説，便是積年。〔净〕閒話，人説誤捉無誤放，捉來去，乞你會不是，我着回你。〔旦〕官人，卜做倆得好？【皂羅袍】〔生〕首領哥哥，聽阮告説。無奈何，千萬乞一面皮。犯姦八卜有❶乜大罪。做一些仔人情，免阮受灾禍。〔净〕你都不聽見人説：快活霎時久，煩惱一厝間。來去，我袂管得。〔生旦〕送銀十兩，爲阮回去。〔净〕❷天光問衆了，一百兩亦不敢放恁去。責放罪，無人坐。〔生旦〕由伊卜監卜禁，由伊卜斬卜砍，乞阮三人做一處。〔净〕你只人舊性不改，那因三人做一處，即會惹禍，又卜三人做一處。〔旦〕今到只處，乜見受苦。犯姦八卜有乜大故，

---

❶ 八卜有：豈會有。下同。

❷〔净〕：原脱，酌補。

倆得冤家離別路。〔生〕首領尊兄，將阮娘仔只頭上金首飾都乞你，並銀十兩，千萬做些兒方便，放乞阮走。〔净末〕不准。不合貪心圖謀，林大告你偷挈伊某。現有牌票不差誤，有金不惡開走路。好好，共我來去，免得我縛你。〔入〕歡喜未來煩惱到，一場恩愛水中流。捉只三人押返去，句有好事在後頭。〔並下〕

第四十四齣　知州判詞

【菊花新】〔末上〕叵耐陳三可貪心，拐誘五娘情意真。牌差捕（鋪）甲去趕捉，當臺審問實共虛。懼法朝朝樂，欺公日日憂。前日牌差捕甲曾經前去提獲陳三一起姦情，因乜不見回報？不免叫承行吏寫票，捉原差多少是好。〔丑上〕人心似鐵，果然官法如爐。〔見官〕禀老爹，陳三一起姦情到了。〔末丑〕放過來。〔生旦貼上〕離除龍，冲着虎。心中受辛苦，甫匐俯聽（府廳）告訴。〔末〕陳三，過來，你是人養的奴婢，姦拐家長子女，不安爲奴本分，甚麼道理？〔生〕告禀老爹，容小的分訴。小的因送大哥嫂廣南赴任，返來潮州經過，黄忠志招小的進贅。後來輕遠就近，悔了這親，將五娘許與林大，是小的怪恨，要同五娘回家，不曾禀知。而今被林大誣告，望老爹詳情察理，斧斷冤屈，筆下超生。〔末〕黄忠志是糧長之家，肯招你奴才進贅，這話胡説。〔介〕黄五娘上來，問你，你是良家子女，這等不才，怎麼和奴才走？這情從實説來，免我刑罰你。〔旦〕告禀老爹，容奴婢分訴：因父親先招陳三進贅，後來父親輕遠就近，悔了這親。是奴婢要同陳三回去拜望爹媽，不曾禀明，望老爹察情。〔末〕一片胡説，押在一邊伺候。〔介〕益春，你是人家養的丫頭，你娘仔和陳三走，你應當與家長知，怎麼也同他一起走？想起來，只因由都是你這丫頭做出這樣勾當，你好好説來。〔貼〕告禀老爹，益着做人奴婢，從小跟着（作）娘仔，怎麼敢私情？因陳三同娘仔要往泉州望親，别甚麽事，奴婢不曉得是實。〔末〕這丫頭也不肯招認。左右來，上來挾起。【漿水令】〔貼〕❶告相公乞聽説起，因林大不中阮娘仔意，即共陳三結相知。荔枝爲媒，益春證見。〔末〕賊婢仔胡説亂説，七三八四。左右，敲起來。添上刑罰，收禁凌遲。〔旦唱〕打死益春，五娘替死。莫力三哥胡相帶累，阮三人匕匕是鳥着答❷、虎落網，不得身離。〔貼〕小奴婢受不得刑罰（法），望老爹赦小的放生。〔末〕你從實説來，我一下不打；你不肯認定，要敲死你只丫頭。〔貼〕老爹，是年六月時節，娘仔和奴婢在樓上食荔枝。陳三騎（倚）馬樓下過，是我娘仔不合將荔枝手帕包丢陳三。後來陳三不知何因，來五娘家磨鏡，將鏡打破，寫身爲奴。後來是陳三同娘仔小奴婢要往泉州望親，别無甚事，奴婢不知因。〔末〕這是實情了。左右，放了益春，供明無罪放回。〔貼下〕〔旦白〕益春，你佴（那）府口聽候等我。〔末〕陳三，你好好具認，免我刑罰你。〔生〕告相公乞聽説起，念陳三官蔭仔兒。我兄廣南做運使，西川知州阮叔便是。〔末〕貪心賊奴不知死，有乜官蔭你厝出世。你兄廣南拾馬屎，你叔西川洗厠池。可無理，匕匕，發去崖州安置。〔生唱〕受虧苦，佴得雲開見月時。〔末〕來，陳三，你是奴姦家長女，依律供來。〔生〕小的打破他鏡，將身爲當他邊，怎麽作奴姦家長女供狀？虧了小的，老爹。〔末〕既是不供認（言），刑罰來！〔旦〕三哥你供去，免受刑罰。〔生〕罷罷，我供去，看只尾梢做佴樣！〔供介〕供狀人陳三，年二十歲，係泉州府晋江縣朋山嶺後官籍。因送哥嫂廣南運使，伯延是我親兄。歇在潮州驛内，因去賞燈閑行，遇見黄厝五娘，兩邊相看有情。一日騎馬樓下過，五娘投落荔枝爲定。思量無路得見，設計伊厝磨鏡，故意力鏡打破，賣身伊厝掃廳。後因言來語去，兩邊相愛有情，思見終不落當，相

❶〔貼〕：原脱，酌補。

❷ 答：捕鳥器。

共走去泉城。林大得知來告，差人捉到公廳。萬望老爹明鏡，依律斷問分明。並無捏詞情意，伯卿是我正名。情願所供是實，畫號簽（僉）名。〔末〕左右，既是認了，與他畫招。〔丑〕犯人畫招。〔末〕畫招了，叫里老就簽長解發去遞運所，起解崖（涯）州爲民。且收監。〔生下〕〔末白〕林大過來，你要老婆，要銀子？〔净〕小的不要銀，只要老婆。〔末〕你去寫領來把婦人領去。〔净〕小人就寫領來領去。〔旦〕老爹聽告，因對林大親，奴婢不願，纔會弄出這事，急惱老爹。今把奴婢判還林大，奴情願老爹臺下死。望老爹替小的方便，筆下超生，萬代陰德，老爹。〔末〕林大告你背夫逃走，理合從夫嫁賣。〔旦〕還未娶過門。〔末〕還未過門，這個也是，替你開交也罷。〔末〕❶拿黄忠志過來。〔外上〕〔末白〕黄忠志，我本當要問你治家不正罪名，可憐你年紀老，七十以上，罪不加刑。當初林大送有幾多財禮上你門來？〔外〕送銀五十兩。〔净〕老爹，送有一百兩。〔末〕黄忠志，我依律問，女家悔了親，財禮加倍還他，你討一百兩銀子，賠林大去自娶一個好好小的老婆。這女子，忠志你寫領子來領去，隨你嫁與别人去。〔外〕小的依老爹判斷，就去討銀子還他。〔净〕娘仔共我來去，我不曉得，我不管伊也事！〔净拖介〕〔旦白〕死丁蟲，你向好命。〔末〕這蠻子好打，既賠你財禮，你又扯他，皂隸，帶出去。〔丑帶下〕〔末白〕拐誘發配去崖城，一宗文卷甚分明。説着勢頭來壓（押）我，恐怕路上死你身。〔並下〕

❶〔末〕：原作〔生右〕，酌改。

第四十五齣　收監送飯

【水底魚兒】〔浄〕我是都牢頭，做人愛歐留❶。有人落（洛）牢門，定是落我鬮。騙得錢銀，諸般都齊到。返去還我都牢娘，叫我實是勢，匕匕。我做都牢有名聲，因人見我盡着驚。面前叫我都牢叔，背後叫我充軍兄。小人不是別人，便是潮州府司獄司内一都牢便是。莫説我牢内艱（干）計，暝日無時得閒。那卜失誤走失一名，便着食責放的罪。昨暮日有起人新收，説是姦拐事情，卜發配崖城。我不免唤出來，騙伊零錢薄（泊）鈔，多少是好。〔浄叫〕禁子（於），叫新收陳三出來。〔生上〕犯法身無主，生死由别人。〔浄〕恁是值處？〔生〕小人是泉州。〔浄〕跪落参見一下。〔生介哭跪〕〔浄〕十（干）種，到只處，脚骨句硬。你識讀書，不入公門，鞠躬（恭）如也。待我看只枷上硃語做倆説，枷號奴姦家長子女犯人一名陳三。不小可事。陳三，你可曉得我牢内這法度不？〔生〕小人曉得。〔浄〕既是曉得，親收錢提來乞我。〔生〕都未有便，待明旦家人來，就送都牢你惡❷。〔浄〕好驚人，我一時都袂等得，等明旦。古人見善化不得，新化有餘❸。未有入門棍度你，你句不畏。人叫着打騙，打着即有錢。〔生〕都牢叔，且諒（讓）小人，雯（客）久有人到。〔浄〕烏龜十種，且將就你，帶着你好漢，且入許輚内去坐，唱曲得桃。〔生〕乞阮佴（那）只外坐。〔浄〕莫莫，帶着你，許内乞你

---

❶ 愛歐留：疑爲愛敲人財物之意。
❷ 惡：費解。疑爲詞尾語助。
❸ 古人……有餘：原本如此，或指舊犯無錢，新犯必須送錢。

坐，不帶你，捉去北監内，虎落山合你。〔生唱净坐〕【銷金帳】〔生〕一更鼓挈人心悶損，二更鼓催人心越酸。三更鼓又盡，無人通借問。四更過了，脚手冷成霜。五更人發擂，聽見人刑罰，實惡當。未知娘仔，伊今在值方。〔旦貼〕【金錢花】叵耐林大無道理，匕匕，捉阮三哥送官司，匕匕。姻緣事志實受氣。〔貼〕送碗飯去乞伊，匕匕，未知尾梢是倆年。〔旦〕清早沿路來到只，匕匕，憶着三哥那好啼❶，匕匕，虧得伊身凌遲。〔貼〕鴛鴦伴，拆兩邊，匕匕，未知尾梢是倆年，匕匕。〔貼〕人説相惜成相謔，果然恩深怨也深。亞娘且在只處徛，等待簡進去叫門。〔貼叫〕開門，匕匕！〔净介〕七早八晏，是乜人只外叫❷門？不免打出來去看。〔净看〕是誰人？〔貼〕阮是後溝黄九郎舍，卜送飯乞阮官人食。〔净〕行開去，莫只處鬧動。老爹卜陞堂了，看見捉去打你脚川。〔貼〕都牢叔，無奈何共阮開門。〔净〕都是姿娘簡仔聲説，我不免只門縫裏看一看，好耍利，亞姊仔。〔貼〕共阮開。〔净〕亞姊，你卜送飯度誰人食？〔貼〕阮送卜乞陳三官人食。〔净〕那卜送度陳三食，我共你開，你肯叫我一聲翁❸不？〔貼〕好氣人，共阮開，不愛人白席。〔净〕你不叫我翁，我句不共你開。〔貼〕死丁蠱，好惱煞人，一卜不叫伊，伊不共阮開；無奈何，叫伊一聲司命翁。〔貼〕司命翁，共阮開門。〔净〕只亞姊，你普請❹司命翁，愛割敲亞不起上。〔貼〕都牢吏，千萬共阮開。〔净開笑介〕姊子，只即久都不來探恁大姊一下。〔貼〕恁大姊值時死，都失探。〔净〕恁大姊在近即死。姨仔，你可曉得俗人説？〔貼〕俗

❶ 啼：原脱，酌補。
❷ 叫：原脱，酌補。
❸ 翁：指女人的丈夫。謔人諢語。
❹ 普請：捧請。

人說乜？阮不識。〔净〕人說桃枝接李枝，姊夫接小姨。你大姊今死了，姨仔你來嫁乞我罷。〔貼〕不愛人茹吅❶。〔貼叫〕亞娘，入只內來。〔旦介〕〔净〕只一位正是誰人？〔貼〕是阮亞娘。〔净〕正是恁亞娘，來卜探誰人？〔貼〕正卜探阮陳三官人。〔净〕伊監在北監內，袂得見伊。〔旦〕都牢，無奈挈阮去見伊。〔净〕娘仔可曉得不？人說管山食山，管海食海。管東司食屎。你都那卜乾乾擂（雷），倆會使得。〔貼〕亞娘，都牢伊愛恁銀。〔旦〕只一包三錢銀提乞伊。〔貼〕都牢，阮送三錢銀乞你買酒食，千萬挈阮去見阮官人。〔净〕只個卜度我買酒食，阮都牢娘討乜食，不着挈去寄和尚？〔貼〕那有即個，收去，各處趁補。〔净笑〕三返補成破襦，將就共你收，帶着恁姊。〔貼〕你都認親，見着銀都提。〔净〕君子篤於親。恁丈那卜打不趁錢，甲恁姊食風放屁！〔貼〕人說千般好語不如錢，今挈阮來去見伊。〔净〕不通許內去。〔旦〕做乜不通去，是倆年？〔净〕恁姿娘人不通入去，獄官看見愛捉去幹人。〔旦〕望都牢做主。〔净〕我有思量。〔旦〕卜做倆（在）思量？〔净〕你且只處徛聽候，待我入去叫出來。〔净〕陳三，人卜探你，出來討油火錢度我。〔生上〕〔生旦貼相看啼〕〔旦〕官人亞，你一身着阮帶累，受只勞冷。〔生〕娘仔亞，只是我身做身擔（耽）當，做乜是你累我！〔净〕莫得啼哭，畏老爹知。〔旦〕都牢，恁且行開去，乞我說話。〔净〕有話快說，畏老爹卜召你起解。天上人間，方便第一。〔下〕〔旦〕【玉交枝】值處切起，所望共你結托卜一世。誰知今旦那只年，鴛鴦拆散分離。〔合〕咱今恰似船到江中補漏遲。一擔挑鷄二頭啼。〔生〕你莫啼切，我只官司將會伶俐。那恨叵耐林大鼻，捉我共你相分離。〔合前〕〔旦〕官人，你乞我障累。〔生〕只是自做自當，做乜通恨你！〔净上〕話說卜了未？簡切唱一二句。〔旦〕都牢，贈阮官人開一手杻，乞阮飼些兒飯。〔净〕老爹有封頭，我做乜敢開。〔旦〕

❶ 吅：原字不清晰，疑爲吅。

無奈何贊(㑆)阮開。〔生〕既不開，罷。〔旦〕有水一盆乞阮。〔净〕水有。〔旦〕三哥，你只處坐。〔唱介〕【香羅帶】我君受只虧，着阮障累。頭毛又茹擘不開，削骨落肉得人畏。苦，那虧我君身無所歸。思量只處行看，恰是惡❶食黄連，甲我做㑆開嘴。今卜離分開，雙人相看啼喃嚅❷。益春，討茶洗嘴。〔貼〕茶在只。〔旦〕飯捧來。〔貼〕飯在只。【香柳娘】〔旦〕勸我君食嘴飯，匕匕，莫苦心酸。寒冷腸飢做㑆當。〔生〕娘仔，我不食。〔旦〕我便朝❸送一碗飯乞你食，你卜不食，甲我卜做㑆過心！你那卜不食，匕匕，越割我心腸。目滓流千行，官人一去一遠，匕匕。虧我無可瞈，想我性命無久長。〔生〕娘仔莫苦啼切。〔丑〕禁仔，召(吊)陳三一起起解。〔净〕陳三，長解召你起解。〔生〕娘仔亞，你返去，我卜起身。〔旦〕官人亞，㑆割捨得分離？〔生〕娘仔，無奈何。〔旦〕我送官人行上幾里。〔丑〕查某莫得相纏，人卜起身。〔旦〕都牢，且寬一下。〔丑〕快行。

〔下〕

第四十六齣　叙別發配

【駐雲飛】〔生〕今旦起程，值時得到崖州城。〔丑〕快行，免得發業。〔旦〕首領，我説乞恁聽，帶着阮人情。嗏。〔丑〕須着趕路程。〔生〕乞阮説幾聲。〔丑〕你有好錢好銀，便提來送我。你有錢銀先提來乞我。

❶ 惡：或可作「亞口」。
❷ 喃嚅：淋灕，流泪狀。
❸ 朝：特。下同。

放緊行。〔旦〕拜覆首領，待伊慢慢行。〔丑〕緊行。【玉交枝】〔旦〕都牢聽起，恁也曾做過後生，誰無私情事志。人情通做些兒，面皮莫放變。金釵一雙，送你做茶錢。〔丑〕只是金也是銅？〔旦〕是阮頭上戴的，做乜是銅。〔生〕是多是少，收去莫向見。〔旦〕帶着我共恁同鄉里。〔净〕向説，放緊説話，我店内去點心就來。〔净下〕【生地獄】〔旦〕阮人情深都如海，膠漆不如阮堅模(佃)。今旦障受苦，你今爲阮受磨汰。我今千嘴説不來，匕匕。〔生唱〕分開去，泪哀哀，未得知值日得返來？〔旦〕❶風飈天做寒，君你衣裳薄成紙，脱落衣裳共君幔❷。〔生白〕衣裳娘仔你穿，寒除娘仔。〔旦〕我那爲君凍死，也卜乞人傳説我。〔又唱〕想起來好啼好哭，解落手帕共君包。崖州路遠卜值時到，我只處苦痛值處投，雙人相看目滓流，匕匕。【一江風】曾記得當初高樓上，荔枝投你時。共你情深我歡喜，曾記得共你銷金帳内恩義。不料你共我拆散分離。〔旦指介〕冤家那怨林大鼻。〔生〕想起來我心頭悲，誤了你青春年紀。〔旦〕虧得我只處孤單獨自。咱今那拜天，匕匕。咱夫妻值時會團圓，匕匕。【餘文】娘仔你憶着我言語，千萬記得莫放除。〔旦〕夫妻今旦分開去，心頭俩會不尋思。〔生旦哭介〕官人只去，千萬路上保惜身己(己)。〔生〕那是一路在天邊，落遮去受苦，做俩得好？那恨貪贜知州，虧人至甚。若見我兄，定不甘休。〔白〕今旦二人且分開，未知值日得相隨。但願只去見兄面，夫妻依舊成一對。〔丑〕快去，快去。〔生丑下〕〔旦啼〕〔貼上〕官人去遠了，亞娘且捍定。【虞美人】〔旦〕我心頭苦切值時滿，恨狂風力我鴛鴦拆散。想三哥有乜快活，一身隔斷千鄉萬里外。一無親二無伙伴，伊怙誰

❶〔旦〕：原脱，酌補。
❷幔：近音借代，義披。

早晚相叫候（孝），割吊我頭眩目暗，憂憂悶悶，心如刀割。一腹恨氣，值時會花。〔貼〕亞娘莫切，官人説伊兄在廣南做官，只去定是會返。待簡去安排一杯酒，共亞娘解悶。〔旦〕便做羊羔美酒，倆解得我。〔貼白〕不，待簡去討二個飯，乞亞娘你食。〔旦〕龍肝鳳髓，食袂肥大（天）。〔貼〕亞娘，便做官人去，那不返來了，畏無一人親像伊年？〔旦〕鬼仔説話，即來急我。〔旦〕金馬玉堂，人心都不掛。〔貼〕是簡説一句話，可急惱亞娘。不，便待簡抱奩妝來，乞亞娘梳頭。〔旦〕妝臺無心去看。〔貼〕不，待簡去收拾綉房，亞娘你去睏一睏。〔旦〕金枕玉床，我無心去倚。值時見得三哥一面，即放得我心頭恨花。〔貼〕恁相惜如花似錦，常説恩深怨也深。亞娘，强企起來莫沉吟，整花冠梳起雲鬟。伊人有恁恁即有心，姻緣到底會結親。莫苦切面青目腫，乜罪過收❶來未盡。〔旦唱〕眠床未透，枕頭生塵。三哥，值見有叫討無應。〔貼〕亞娘莫切，官人終會返來團圓。〔旦〕忽然滿面團圓，解我心頭即輕。狂風打散鳳共鸞，趙壁安知不復返。〔貼〕勸娘解除心頭悶，免得霜雪擁藍關。

第四十七齣　敕陞都堂

【掛真兒】〔外〕一任廣南有名聲，忠心正直清如鏡。且喜今旦三年滿，百姓盡説太平。下官陳伯延便是。蒙朝廷恩寵，除授廣南運使，一任清廉，百姓歡喜。今旦且喜任滿了，不免收拾行李起身。〔净〕有事不敢説無，無事不敢説有。朝廷使命送詔書來了。〔外〕左右，扛龍亭接詔。〔末〕一封天子詔，四海盡知聞。

❶ 收：疑爲「受」。

詔書到，跪聽宣讀：切見建官推賢，古之道也。今廣南運使陳必賢❶，治事清廉，文武兼備，六藝精通。朕實嘉勉。轉陞都御史，敕賜廣南，便宜行事。但文武官三品以下，貪贓枉法，聽從拿問，免待奏請。聖旨了也。〔外〕感謝聖恩。〔末揖〕恭喜，恭喜。〔外〕有勞遠來，請下館驛待飲。〔末〕正是相逢不下馬。〔外〕果然各自歷（ㄌ）行程。左右，請得夫人出來。【慢】〔貼上〕見説朝廷使命到，未知乜事問來因。〔見介〕〔外白〕夫人亞，今朝廷陞都堂御史，委我查勘諸州貪贓枉法，聽從拿問，免待奏請。〔貼〕只是相公福分，今須着使管義先去報乞爹媽三叔得知。〔外〕夫人説是。左右。〔净〕覆相公，有何鈞旨？〔外〕來也，管義，你先返去報與太老爹得知，説我隨後起身。〔净〕管義就去，正是一心忙似箭，兩脚走如飛。【鬥黑麻】〔外〕收拾行李返去本州，賜我都堂御史，查勘諸州。是恁福分障成就，貪贓官吏見我心憂。夫馬驛轎等接不住，一州過了又一州。記得來時牡（時）丹紅，今日返去桂花香。彩旗轎馬來迎接，認得新官是舊人。〔並下〕

第四十八齣　憶情自嘆

【齊雲陣】〔旦〕恩愛果然生煩惱，好物終來不條勞❷。人去崖州值日到，恰是風箏斷除索。悶來憶着心焦灼，切得我相思病倒。空房寂静恨夜長，花向窗前艷色妝。不是妒嫌花粉少，那因憶着有情郎。自三哥分開去後，夜日掛懷，不知伊路上倆樣？書信不通，挈人也計心悶。【四朝元】憶着情郎，相思病損。幾番

❶ 必賢：前稱伯延、必延，合刊本未統一之誤。

❷ 終來不條勞：費解，疑爲「從來不牢靠」或「從來是好事多磨」。

思量，腸肝寸斷。空房障青荒，秋月分外光。又逢障般光景，怨煞暝昏。鴛鴦枕上，目滓千行，長暝不得到天光。起來細尋思，君配崖州，路頭又長。聽見孤雁聲嘈噪，引惹人心酸。坐來越心悲，拙時瘦怯，貧惰梳妝。〔内唱〕嗹柳哴，哴柳嗹，嗹啞柳嗹哴柳嗹啞柳，柳哴嗹。【傷春令】〔旦〕春天萬紫千紅，妝成富貴新氣。看許開的含的畢目的謝的，都是東君擺佈生意。黄鶯飛來，在只緑柳嫩枝。調舌弄出好聲音，黄蜂尾蝶，雙雙對對，飛來在只花前，採花遊戲。記得去年共君行遍只滿園，收拾盡春光景致。手摘海棠花一枝，輕輕倒插君鬢邊。君伊半醉又半醒，相扶相挨，去到太湖石邊。見許牡丹花含笑，匕匕，羅列在只前前後後，親像我共君相拚不相離。今旦日雖有障般光景，空落得我賞春人獨自。恨東君可見薄情，伊知我傷情，故意做出障般天時。又使得杜鵑燕仔，一個聲聲許處啼。怨一時雙雙飛入真珠簾，惹起春心春愁，一時盡都擾起。又兼長暝惡過，聽見鼓角聲悲悲慘慘，鐵馬聲叮叮咚咚，越噪人耳。對只情景，挈我傷心那好啼。〔内唱〕

【生地獄】城樓鼓打初更，自君出去，眠房清冷。是我前世欠君債，今旦收來孤過暝。殘燈挑盡，且力羅帳放下，障般煩惱，切人成病。一更三點鐘鳴（鍾嗎），綉出牡丹無心去整。且力針綫收拾去宿，看見孤床枕不端正。仔細思量，腸肝寸痛。更深寂静，月落西斜，三更月，暗西廂。後花園内露滴芭蕉，分明聽見我君叫，心頭恍惚，好親像。開窗看不見。正是風吹葉摇擺柳梢（稍），凄慘心焦，拔破紅羅帳。聽見四更鼓瑱，夢見我君入到眠房，牽着君手不甘放。翻身一轉，力君來攬。鴛鴦枕上，一般情重。醒來是我狂夢。五更靈鷄又啼。七夕欹斜，珠星又起。西風一陣，挈人疑。孤單帳内，那我獨自，仔細思量那好啼。君你莫做虧心行止，莫乞外人較（教）議。〔内唱旦介〕嗹柳哴，哴柳嗹，啞柳嗹哴柳嗹哴柳嗹啞柳，柳哴嗹。【越護引】〔旦〕紗窗外，月正光。我今思君心越酸。記得當原初時，共伊同枕同床。到今旦分開去障遠。伊是鐵打心腸。料想伊未學王魁負除桂英，一去不返。待我只處目睭成穿。長暝清冷，無人通借問。懶身起倒，暝日枵(天)飢失頓，無意起梳妝。爲君割吊，顏色瘦青黄。❶〔又唱〕三更鼓，翻(番)身一返。鴛鴦枕上，目滓流千行。誰思疑(宜)到只其段。一枝燭火暗又光。更深寂静，暝頭又長。聽見孤雁長暝飛，不見我君寄書返。記得當原初時，恩義停當。共伊人相惜，如蜜調糖。恨着丁蟲林大，力阮情人阻隔在別方。值人放得三哥返，千兩黄金答謝伊不算。投告天地，保庇乞阮兒婿返來，共伊同入花園(賞花)。❷【尾聲】舊債鴛鴦必須還，鐵球落井終到底，有緣分相見願即還。今旦無計，會佴得阮心開。不免叫益春出來，共伊思量，寫一封書，討些兒衣裳，叫小七送去路上尋伊，也表得阮姿娘人有一點真心。〔旦叫〕〔貼上〕【勝葫蘆】娘仔拙時都無意，坐綉房畏八死，且喜官人無事志。聽見叫，因勢行到廳邊。〔見介〕〔旦〕來亞，益春，我只處正悶(問)，你説官人無事志，故意來譃我。〔貼〕簡做乜敢譃亞娘，官人只去必見伊兄，返來共娘仔依原相見。〔旦〕賊婢，是誰障説？我今卜共你思量，使小七送些兒銀共衣裳，趕去路上還伊，通去不？〔貼〕亞娘只話説是。〔旦〕你去共我叫得小七收拾便，帶筆硯來，我卜寫書寄去。〔貼下〕〔旦介〕【一封書】〔旦〕薄緣妾黄五娘，一封書信專拜上。自別後，減顏容，朝思暮想倍凄凉。恩情總在不言中，海枯石爛情意無窮，生不相從死亦從。❸益春，書寫了，共我叫小七出來，我分付伊。〔貼〕小七，亞娘叫你。〔净上〕〔旦白〕小七，你收拾完了，因勢起身。明旦倒來，我卜甲阿公現一某乞你。我只内銀五兩，衣裳一套，書一封，你連暝趕去。官人伊是落遞其

---

❶ 弦管曲詞有「紗窗外」可參照。
❷ 弦管曲詞有「三更鼓」可參照。
❸ 弦管曲詞有「薄緣妾」可參照。

人，你爲我透暝趕(計赴)去定見，須着見官人面，暗静還伊。長解知了騙伊的。〔浄〕小七因勢起身。【四邊静】拜辭亞娘便起里(理)，一路恰是風送箭。〔旦〕得見恁官人，共伊説就裏。〔合〕崖州一路，遠如天邊。願(頭)得早返來，燒香投告天。〔旦〕你去路上着細膩，用心尋卜伊見。上覆(福)恁官人，千萬惜身己。〔合前〕

書信衣裳親手封，薄幸佳人致意濃。情到不堪回首(手)處，一齊分付與東風。

第四十九齣　途遇佳音

【四朝元】〔潮腔〕脚酸袂行，首領莫做聲。爲着私情，拆散千里斷形影。伊許處被雲遮，我只處隔山嶺，匕匕，樹林烏暗挈人驚。猿啼共鳥叫，哀怨做野聲。越添我心頭痛。嗏，那爲五娘仔乞人屈斷，配送崖州城。腹飢飯又袂食，無處通可歇，怨切身命，匕匕。目滓流落，無時休歇。【皂羅袍】〔生〕自恨一身遭貶，家鄉隔斷路八千。到只其段，誰解倒懸。紅粉佳人總無緣。〔丑〕只一嶺正是秦嶺，四時雪擁藍關❶地方，信文公馬不前。〔生〕原來秦嶺正是只處。當初韓文公遭貶到只處，被霜雪凍。後來得伊孫湘子，力雪掃過此嶺去。雲横秦嶺，惡遇韓仙。脚痛袂行，心危倒顛。正是雪擁藍關馬不前。【望吾鄉】〔丑〕你莫閑聲共閑氣，我一身着你障累，過盡(監)千山共萬水。某仔後頭受腹飢。〔生介〕望首領，莫急氣，帶着阮共你相偎隨。〔丑〕兄弟，我實辛苦，有酒買一瓶食。〔生〕首領兄，你且歇困，待阮買一瓶酒共你食。〔丑〕好，恁大家都歇一下。

❶ 從潮州至崖州，並無秦嶺、藍關，疑泛指途中的艱辛。

我也是好人，莫怪我。〔生〕你是官差，做乜怪你。〔净上〕【望吾鄉】收拾因時便起里，天塘鋪近在赤麻山邊。鳳嶺先登，桃山里過了便是白塘鋪司，靈山驛，潮陽市。緊行上趕過去，龍井溪店歇下暝。走得好辛苦，一鋪又一鋪。做緊行來去，恐畏日無晡。〔净看介〕前頭一位官人，好親像官人，不免趕過認一認。〔净見〕正是阮官人。〔生〕小七，你慌慌（荒荒）忙忙趕來乜事？〔净〕直來報消息。〔生〕報乜事，你亞娘可好不？〔净〕通説無，亞娘那從共官人分開，乞阮亞公暝日罵，切去吊死除！〔生〕天亞，虧娘仔爲我送除性命。〔净笑〕句未死。〔生〕小七，你做乜通騙我！〔净〕我試看官人，你痛阮亞娘不？〔生〕我做乜不痛伊。〔净〕阮亞娘爲你頭不梳、面不洗，苦切成一乜樣。〔生〕亞娘可會食袂？〔净〕袂苦，食，一頓食二碗，添一碗。亞娘直使小七送一封書、一套衣裳來，卜還官人替換。〔净背生白〕阮亞娘句有二十兩銀，卜還官人只路上使用，甲你莫乞長解知，許烏龜了騙你的。〔生〕感謝恁亞娘。〔净介〕〔生讀前一封書〕小七，我今寫一封書，還你帶返去探恁亞娘。【一封書】陳伯卿，書拜稟，上覆五娘有情妻。一路來受艱辛，遇着我簡兒，報説我兄陞都堂御史，查勘軍民。想我只去定相認。如書到日，以代親陳，返來琴弦須再整。❶小七，書寫便了。〔末上〕【望吾鄉】跟隨大人廣南市，不覺又三年。今旦使我返去報喜，心忙（望）走如箭。一里過了又一里，人説回馬不用鞭。許（詩）人好親像阮三爹，那卜是，因乜障般行來？好可疑，不免近前看一看。元來都是三爹。〔末跪〕〔生白〕管義，你值來？〔末〕簡在廣南返來。〔生〕起來。〔末〕三爹因乜做障行來？〔生〕我在潮州爲姦情，知州捉阮發配崖城。〔末〕乜人管解？〔生〕有長解在只。〔末〕只正（王）是長解，賊種，好打。〔生〕

❶ 陳三這封信寫在遇見管義之前，怎知兄陞都堂御史？這是原刊本的疏忽之處。如果放在本齣之尾，待見了管義之後再唱【一封書】就合理了。

伊是官差，莫打伊。〔丑〕無你勸，都乾(干)乞伊打。〔末〕只一位是乜人？〔生〕是五娘仔簡仔，送衣裳來度我。〔末〕阿兄，煩動你來。〔浄〕莫動手。官人，只一人正是誰？〔生〕只正是跟阮大人做官的。〔浄〕我見即驚人。〔生〕大人做官，拙時都好？〔末〕恁大人官陞都御史，敕賜劍印隨身，欽差各府查勘官吏。比三品以下官員，不公不法者，聽從拿問，不待奏請。今先使我先返去，報乞老大人得知。大人隨後起馬，諒(量)也卜到。〔生〕且喜共我哥相見有日。〔介〕你先返，報乞大人得知。〔末〕亞！〔生〕小七，只一封書送返去度恁亞娘，甲伊莫煩惱，我兄又陞都堂了。〔浄〕許阮亞娘又好得桃。〔生〕小七，即零碎銀乞你路上去買物食。〔浄〕亞娘有銀乞小七，不使。〔生〕既有也罷。〔入白〕封書寄與黃五娘，虧伊許處受虧傷。只去定是見伊面，便得一身早落場。〔並下〕

第五十齣　小七遞簡

【臨江仙】〔旦〕憶着情人倆奈何，鴛鴦拆散討無伴。〔貼上〕障般苦，暝日割，横在心頭倆得花。〔旦〕憶着情人隔值方，四壁蟲豸(⿰虫道)畏聽聞。小七只去未見返，枉屈暝日割心腸。〔貼〕亞娘莫苦發業。官人常說，廣南運使是伊親兄，四川知州是伊叔，想去也無事。簡在街上去，人盡說乜運使陞上都堂御史，官府盡差人等接，必定畏是。〔旦〕益春，許那卜是，豈(起)不歡喜！〔貼〕亞娘，那卜是，許是亞娘有慧眼。〔旦〕雖是障說，目前句挐人煩惱。【雙鳳飛】〔旦〕忽然聽見小七叫聲，卜是我君有書信返，連忙趕去看。有一孤雁飛過一影。伊是無伴，即叫慘聲。憶着伊人，腸肝寸痛。早知相見障惡，不如共伊去行程。〔浄末〕盤山過嶺，路途阻(粗)涉實惡行。今旦且喜，官人只去遇伊兄。封書寄返，再三上覆阮娘仔。小七返來，雙脚變做四脚行，匕匕。【尾聲】一路恰是風送箭，正是回馬不用鞭，二人趕到那霎時。〔小七白〕亞兄，只是阮舍了。你只外等待，我入去共阮亞娘説了，即請你入去。〔入見介〕〔旦介白〕小七，你返來了，曾見官人亞不？〔浄〕通説，那撞見長解，説官人一路受苦袂當得。又着一白賊仔騙伊説，呵娘乞亞公罵，去吊死除，伊切去咬舌死除。〔旦〕天亞，卜做倆得好！〔浄〕亞娘未死，我那是騙你。〔旦〕斬頭，我怙你如怙天，你做乜通騙我？〔浄〕小七試看亞娘句痛官人不？〔貼〕睛盲頭，亞娘使你，你做乜通騙亞娘？〔浄〕我看你句痛我也不？〔貼〕我痛袂得你死！〔旦〕閑話且莫説，官人倆樣了？〔浄〕今官人且喜，伊兄家人在任來撞着恁官人，説伊兄陞都堂了，即共小七一齊來，也帶有書來探亞娘。〔旦〕今伊家人在值處？請伊入來。〔浄〕亞兄，亞娘卜請你入去。〔末拜〕〔旦白〕免拜，起來，路上辛苦。你路上撞着你三爹，可有乜話説無？〔末〕阮三爹再三分付，甲娘仔莫煩惱。伊今只去見阮老爹，不使七八日便返來，句有一封書在只處探娘仔。〔旦〕小七，去討湯洗脚，討飯食，伴伊得桃。〔末白〕管義下去泉州報喜，緊緊，恐畏大人隨後就到，不敢遲慢。〔旦〕既然障説，明旦早乞你去。〔末下〕〔旦讀前一封書〕謝天謝地，且喜共伊相見。〔貼〕亞娘，今且喜。〔旦〕益春，當初説伊兄做官，恁句不信，今旦果然是。〔貼〕簡見亞娘你結交的也無怯人。〔旦〕鬼仔整話。

夢裏憶着有情郎，接着封書心不酸。返來琴弦須再整，鴛鴦雙雙同一床。

第五十一齣　驛遞遇兄

【風檢才】〔浄〕十品驛官是驚人，遞官接使不胡忙。錢銀無通乞我趁，誰人知我障艱難。小官便是北山驛丞，今旦馬上牌來報，泉州陳運使今陞廣南都堂。今旦只處經過，必須備辦夫馬聽候。〔丑凈生上〕三爹，只處正是北山驛，必須着進去交遞。〔丑〕禀老爹，潮州府一起犯人交遞。〔凈〕叫過來見。〔生〕徛在屋檐下，怎敢不低頭。〔生跪〕〔凈問〕有大批，接上來看。〔丑〕有大批在此。〔凈〕接上來。〔凈讀〕〔末報〕禀老爹，陳都堂起馬來得甚緊。〔凈〕犯人且收在遞運使。〔生丑下〕〔末上，白〕有福樣人人伏侍，無福樣人伏侍人。小人不是别人，便是陳大人手下，今旦大人卜返去。説都未了，大人來到。【縷縷金】〔外〕今旦身富貴，衣錦返鄉里。欽委諸州縣查勘官吏，豪霸刁民不饒伊。人盡説，我是太白金星。只處是值驛正，都無一人等接？〔末〕只正是北山驛。〔凈上跪介〕驛丞接爺爺。〔見介三合〕你是北山驛驛丞？〔凈〕是，老爹。〔外〕起動你遠接。〔凈〕不敢。〔外〕你只鄉村驛所，不比州城所在。今旦我趕路來辛苦，夜間不許人打攪我。〔凈〕喏，聽爺爺法度。〔外睏〕〔生唱〕【銷金帳】一更鼓轉，惹人心悶損。二更鼓打，思量心頭酸。三更鼓催，腸肝做寸斷。四更鼓盡，無人通借問。五更卜發擂，刑罰實惡當，未知娘仔在值方。〔外介白〕左右開了門，叫驛丞進來。〔末叫凈上〕〔外（凈）〕這老狗好打。〔凈叩頭〕驛丞不敢。〔外〕我昨晚分付，叫你不要與閑人打攪我，我睡到三更時節，是甚麽人則管哀哀哭哭，一夜到光？〔凈叩頭介〕無有，爺爺。〔外〕採下打這老狗。〔末打介〕〔外〕我曉得你這驛丞都有欹峣❶，但有上驛解有犯人到驛，你要騙他銀子，不肯起解。將他百般鎖打，整（井）夜哀哭。〔凈〕告禀爺爺，昨晚有一起犯人，是不曾起解，敢在❷遞運使里。〔外〕哀哭定有冤屈。叫來，我問伊。〔凈叫生上〕〔外〕左右，把大門關上。〔生〕哥哥，救伯卿。〔外〕伯卿，你爲乜事，

---

❶ 欹峣：原本此兩字難認，疑爲蹊蹺。

❷ 敢在：可能在。

做只樣行來？〔生〕小弟那自送哥嫂到任，返來到潮州，因共黄五娘姦情，被林大誣告，知州貪贓，不聽人分訴，捉小弟問發去崖州，今望哥哥救小弟。〔外〕【剔銀燈】激得我心頭火起，不長（掌）進做障行誼（儀）。我做官，爹媽怙你奉侍。誰知你交三惹四。全不顧家後事志。看你一身，卜做倆得變。〔生唱〕告哥哥聽説起理，那因去到潮州市。因五娘惹出事志，恨知州全不帶着些兒。望哥哥，救小弟殘生。〔外〕不長進畜生，隨你去，我再不理你。〔生〕哥哥，救伯卿性命。〔外〕左右，請夫人出來起身。〔貼上〕見相公着急是因乜，小心近前，來問因依。〔生叫介〕嫂嫂救伯卿。〔貼〕是誰？元來是三叔。因乜做障行來？〔生云前白〕〔貼白〕三叔，你哥哥心性如火。三叔且退，待我勸伊，伊定回心轉意。〔貼見外白〕相公莫得性緊，想姦情也是小可事。〔外〕夫人，只樣不長進小叔，你莫管伊，隨伊去擔當。〔貼〕告相公，聽妾説起，須念同胞兄弟。便做姦情，小可事志。叵耐知州，不帶着你些面兒。相公既是讀書，都不識楚昭王渡江故事。〔外〕我不識。〔貼〕當初楚昭王，棄妻子憐兄弟。〔外〕許是古時人，我不學得伊（仍）。〔貼〕王祥王覽相争替死，打虎須着親兄弟。贊（俤）伊解圍（改爲），莫乞外人議論恁兄弟不是。〔外〕夫人亞，比我也是障問。朝廷法度，誰敢挪（勞）移？我不認伊。〔貼〕相公，今卜返去厝見恁爹媽，説三叔送恁到任所，今值去了，卜做倆應爹媽？相公聽阮勸，認伊也罷。〔外〕夫人請坐，我自有主意。叫得伯卿過來。〔貼〕三叔，近前來見你哥。〔生見〕〔外白〕伯卿，你許時都不提起我名字？〔生〕小弟也説，知州受財，全然不睬。〔外〕叵耐知州好無道理，都不存我面皮些兒。到許時，做倆得變。〔貼〕相公，今有乜主意？〔外〕夫人，只知州無禮，我着人就去提來拷問發落伊。〔入白〕紅旗照日氣蒼蒼，那見鑼鼓鬧叮咚。只去罷了知州職，顯得陳三兄有功。〔並下〕

第五十二齣　問革知州

【掛真兒】〔外〕身受朝廷大褒恩，職位務要着清勤。查勘各府州縣官吏，名聲傳説滿乾坤。都堂御史有名聲，懲除姦惡鬼神驚。斷决刑名無私意，今旦巡撫到潮城。左右，恐有乜官進院參見，不許阻擋，須着通報。〔知州上〕〔丑稟〕知州進院。〔知州□□〕潮州知州趙德❶，參拜老爹。〔外〕你是知州趙德？〔末〕是。〔外〕趙德上來。〔末〕亞。〔外〕陳三犯姦拐事情，不行伸詳，擅自問他發配崖州，是何道理？〔末〕容小的説：陳三是黄忠志家雇工人，不合姦拐家長子女，被林大告發，是知州從重問擬。〔外〕陳三是官家子弟，憑那裏問他爲奴？我曉得了，你受林大買囑，故入人罪。〔末〕没有這情。〔外〕左右，去了知州冠帶。〔末〕實没這情。〔外〕林大上來。我問你，多少銀子送與知州？從實供來。〔净〕老爹，一些没有。〔外〕左右，把林大挾起來。〔丑〕亞。〔外〕不從實供來，生打死你。有亞没有？〔净〕有，有。〔外〕多少送他？〔净〕不多，百兩。〔外〕放了挾煞。〔丑〕亞。〔外〕趙德，你不合受財，故入人罪。官吏貪(閘)贓，罷問革爲民，贓銀入官，發落府監，候奏請定奪。〔末〕老爹開生路，與小的走。【剔銀燈】〔外〕叵耐你做可不是，捉姦做爲盜問擬。貪贜官吏卜做乜，你性命合該凌遲。〔合〕得□□□名字，卜貪贓今旦便見。〔末〕是知州做可不是，全不知三爹是機宜。今旦有嘴通説乜，望大人乞救殘生。〔合前〕〔净〕恨我命乖通説乜，送錢禮現某不識某味。今旦落泊受凌遲，望相公乞救殘生。〔合前〕〔外〕左右，把知州發本府監候。〔末下〕〔外白〕林大上來，

❶ 趙德：前稱趙得，合刊本未統一之誤。

你不合用銀打點衙門，又不合誣告人，死罪律反罪，坐罪減等，發去邊遠充軍。〔净〕望老爹赦小的。〔外〕採下打四十板，就發本府起解。〔净哭下介〕吾愛❶人説爲之生，我今爲之死，爲之充軍，爲之罰米。〔末扮使臣〕一封天子詔，四海盡知聞。詔書到，跪聽宣讀：切見都堂御史陳伯延，申奏親弟陳伯卿，桑林花下，不告而娶，該杖（仗）八十。離異發回寧家。幸蒙龍顏大喜，見得伯延先治其國，後治其家，赦免伯卿前罪，夫婦團圓完娶。另（仍）賜冠帶榮身。知州趙德貪贓，合問爲民。林大用銀打點，發去充軍。聖旨了也。〔外〕謝聖恩。〔末〕正是相逢不落馬。〔外〕各自辦行程。〔末下〕〔外白〕叫得巡捕過來。〔丑上跪〕〔外〕你替辦羊酒表裏花紅，送去九郎家。對他講，明日要與三爹完親。〔丑〕亞，小的就辦，不敢違誤。〔外〕知州貪贓問爲民，林大打點誤了身。〔並下〕

第五十三齣　再續姻親

【慢】〔丑上〕仔兒今旦得成雙，銀臺蠟（臘）燭滿廳紅。有緣千里終相見，無緣對面不相逢。昨暮（莫）日海❷陽（洋）知縣送聘禮來，説今旦伯姆同仔婿卜來娶我仔共伊返去。不免分付益春，安排筵席等接。〔貼〕水濁未知鰱共鯉，水清方見二般魚。〔丑〕益春，筵席安排便未？〔貼〕安排便了。〔貼生〕【慢】今旦再續只姻親，晝錦堂開孔雀屏。〔丑〕姆姆請入。〔貼〕只正是親姆。〔生〕正是。〔見介〕〔丑〕勞煩遠來，有失迎接。

❶ 愛：原本比字難確認。
❷ 海：疑爲潮。

〔貼〕親姆失禮。〔丑〕益春，請恁亞娘。〔旦〕得見我君心歡喜，樂昌鏡破再團圓。〔見介〕〔丑〕小七，討酒來把盞。【撲燈蛾】〔旦〕殷勤致意拜姆姆，準做親仔成治（遲）。念阮出世，荆布寒微。〔貼〕只姻親都是前世。〔丑〕感恩德重如天。〔貼〕結草啣環，報恁恩義。〔合〕花謝再開，缺月再圓。〔生〕天生咱一對夫妻，願卜百年。〔丑〕寒親卑微，淡泊荆布裙衣，閑言語萬勿提起。【餘文】恁今一門都親誼，錦被那遮勿輕棄。〔生〕富貴雙全真無比。〔貼〕一家轉去再團圓。〔入〕錦堂銀燭艷色鮮，洞房春意自無邊。今日花開昔日蕊，新姻緣是舊姻緣。

第五十四齣　衣錦回鄉

〔末〕富貴必從勤苦得，男兒須讀五車書。今旦大人合家返來厝。説都未了，大人到。【步步嬌】〔末生旦貼〕恁今返去本州城，乞人傳名共説聲。恰是光業鏡，十分光彩十分明。轎馬相趕力，遠處官員等接迎。【江兒水】享福不勞彰（那章），嘴食俸禄，雙馬符驗返家鄉。合家富貴不如常，腰頭金帶緑公裳。今旦相共轉家鄉，拜見爹媽，歡喜一場。【五供養】五鋪一驛，水路站船馬共車，官員軍民遠接迎。祖宗積德好名聲，乞人傳説滿州城。恁今同似（事）卜相痛，賽過姊妹弟共兄。【尾聲】富貴若不返故里，恰是衣錦暝時行，大家慶賀太平，七七。〔入〕等接軍民沿路排，百官迎送滿城知。今旦返去宣恩德，明日游馬賽蓬萊。

第五十五齣　合家團圓

【菊花新】〔末丑〕今旦仔兒返鄉里，夫妻二人心歡喜。一家富貴是無比，算來都是前生前世。銀臺蠟燭滿廳中，今旦仔兒返家門。府縣差官去等接，恁舍富貴是十全。〔末〕老的，昨暮日本縣差官來報説，恁仔又陞都堂了。又説乞恩伯卿，冠(官)帶榮身，早晚定是到。【四句慢】〔外生旦〕今旦返來心歡喜，得共爹媽相見。夫妻相隨返鄉里，恰是光月再團圓。〔見拜介，白〕謝天謝地，一家骨肉團圓。〔丑〕只一位新婦，值處娶來的？好親淺，乞我哽(斟)一下。〔外〕正是仔在潮州黄長者厝，共伯卿娶來的。〔丑〕好仔，今旦一家團圓。【排歌】祖宗富貴是無比，一家都團圓。算來都是天注定，一分無由人排比。〔合〕花再開月再圓，滿廳彩色乜標致。相慶賀，醉微微，一家安樂拜謝天。〔末丑〕【撲燈蛾】筵席安排起，大家醉微微。酒淋衫袖濕，花插帽檐欹。合家團圓修(收)陰騭，留傳後世。一家大小都在只，兄弟和順值萬錢。【尾聲】悲歡離合有四字，頭着分開尾團圓。乞人編做一場戲，合家安樂拜謝天。〔末〕一家富貴感上天。〔丑〕衣錦回鄉再團圓。〔外〕林大發配崖州去。〔貼〕知州貪贓罷職還。〔生〕寶鏡重圓今日會。〔旦〕荔枝爲記兩意傳。〔净〕潮陽隔別千山外。〔合〕閩泉會合舊姻緣。

增補北曲　　**重刊五色潮泉插科增入詩詞北曲荔鏡記戲文**　畢

重刊荔鏡記戲文，計有一百五葉。因前本荔枝記字多差訛，曲文減少。今將潮泉二部，增入顔臣勾欄詩詞北曲，校正重刊，以便騷人墨客閑中一覽，名曰荔鏡記。買者須認本堂余氏新安云耳。

嘉靖丙寅年

明代嘉靖丙寅刊本《荔鏡記》上欄中部

「新增勾欄」校訂本

〔説明〕《新增勾欄》是據明代嘉靖丙寅刊本《荔鏡記》上欄中部，即在《顔臣全部》之後（第六十五至第八十葉）校訂的。它是用「藍青官話」亦即「泉州普通話」寫成的，其中也夾雜許多泉州方言。校訂中全文照錄，加上標點符號，错别字或有疑礙的文字，則在頁脚加注，餘者則按《荔鏡記》的校訂規則處置之。

〔生〕安童，這裏是那裏？〔淨〕這裏便是惠州府。〔生〕見是惠州城，進去耍耍。安童，這裏有唱家請一二個來唱酒。〔淨〕這城裏没有，唱家都在門外住，要耍同三爹到他家裏，這裏不好看相。〔生〕話也説得是。安童，你先去對小娘子説，我随後就來。〔末❶下，生白〕在家只説在家好，出路方知出路難。〔生下・末上〕三爹叫我去請小娘，不免就去。轉長街，過短巷，這裏便是小娘家，不免叫一聲，有誰在，匕匕？〔丑〕誰叫？

❶ 末：前爲淨，從此變爲末，疑有誤。

等來。一枝好花今日開，外頭一叫我就來。〔末丑〕你有錢打得花花鼓，無錢不要鼓邊來。〔末〕不是我。〔丑〕是誰？〔末〕是我三爹要來你家耍，看有小娘在家不在家？〔丑〕我姐姐不在。〔末〕在那裏？〔丑〕我姐姐别人請去，你去請你三爹來。〔末〕你姐姐不在家，怎麼好請三爹進來？〔丑〕我叫小廝去趕就來。〔末〕見是這等，我去請三爹來。〔末〕暫時相别去，少刻又相逢。〔下〕〔生〕慢道❶二十求功名，莫把青春誤了身。本當不去爲富貴❷，張良韓信是何人？〔末〕稟三爹得知，有小娘在家，請三爹就去。〔生〕見是在家，同你就去。一去二三里，煙村四五家，樓臺六七座，八九十枝花。〔末〕只裏正是，叫家。〔生白〕叫看在不在。〔末上❸〕〔旦〕聽見一聲叫，連忙便來到。官人休怪。〔生〕❹姐兒你怎麼這等難請？〔旦〕官人請坐。〔生〕二姐請坐。〔旦〕看茶食。〔生〕晚上胭脂。〔旦〕不用茶❺。早上胭脂，茶便了。保兒看茶食。〔生〕姐姐高姓？〔旦〕十八子。〔生〕姓李，貴排❻？〔旦〕耳❼邊風。〔生〕是二姐。十個銅錢釣❽了一文。〔旦〕久聞❾。官人高姓？〔生〕東邊帶一個耳。〔旦〕敢是姓陳？〔生〕正是。〔旦〕官人尊行？〔生〕川字打横。

---

❶ 慢道：原刊漫漶，存疑。
❷ 富貴：原刊漫漶，存疑。
❸ 末上：前未見「下」，現又是「上」，前疑有脱漏。
❹ 〔生〕：原刊行當名，有的陰刻，有的陽刻，字略小，今皆以〔〕標出。下同。
❺ 茶：茶與搽諧音。用歇後語打趣。下同。
❻ 排：原字漫漶，存疑。
❼ 耳：官話「耳、二」諧音。
❽ 釣：掉。
❾ 久聞：諧音「九文」，爲上句「十個銅釣了一文」的歇後語。釣應作「掉」。

〔旦〕敢是第三❶？〔生〕正是。大姐你這裏有幾個姐兒？〔旦〕還有五個。在家都人請去，只有三姐在家。〔生〕見是三姐在家，有勞二姐請出來。〔旦〕保兒，請得三姐出來。□□□□□❷叫一聲，連忙移步到前廳。〔見介〕三爹萬福。〔生〕三姐休怪。〔旦〕三姐筵席未便。〔旦〕討些果酒來把盞。〔生白〕二姐，你同我在上頭坐。〔旦〕我不敢上坐，三爹在上。〔生〕二姐，我以定❸在上，在下不成？〔旦〕三爹好説。〔旦白〕保兒，酒來。三爹，薄酒奉一杯。〔生〕二姐，不要食只啞酒，起動二姐唱一唱。〔旦〕恐怕汚三爹耳。〔生〕二姐言重，説甚麼話。〔旦唱〕「勾欄」【山坡羊】❹，見親親我低聲偷聽，又恐怕我爹娘知道。見親親奴又歡喜，哄得奴家先倍❺著，把話兒先丟開了。向前來，㛤❻抱著奴腰。奴心中不愛，你少鈔，我愛你青春年少，也愛我年己❼少。相殘嗳呵何，好姻緣不得湊頭，嗳何❽乜乜。常言道，要偷情有甚麼難。〔白〕三爹請酒。〔生〕起動二姐你先食一杯。〔旦〕奴家酒少❾。〔生〕二姐，三姐會唱不會唱？〔旦白〕我三姐會唱也會舞。〔生〕既然會唱會舞，請得三姐出來耍一耍。〔占白〕姐姐，筵席便了。〔旦白〕見是便了，三爹要你唱舞。〔見介，占白〕

❶ 第三：前句「耳東陳」，這裏排行「第三」，「陳三」之名在此出現。
❷ □□□□□：原刊缺損空白。疑爲「三姐應聲上場」等内容。
❸ 以定：疑爲「已經」。
❹ 原刊「勾欄山坡羊」用大字，無符號。今補。
❺ 倍：疑爲「陪」。
❻ 㛤：應爲「摟」。
❼ 己：疑爲「紀」。
❽ 嗳何：據上文應爲「嗳呵何」。
❾ 酒少：疑爲「酒量小」。

既然三爹要奴家唱，三爹要飲酒。【鎖南枝】想情人，曉夜問。空長歎，奴爲他茶飯懶去餐。行思坐想長時念，來時到枕邊。同床上，共枕眠。分明依田❶成姻緣。乍相逢時喜笑歡，怎離别時真個難。那一目❷不念你千遍，起的是天昏至晚，瞻❸的是日出高山。〔又〕酒三杯，聽我言。細花兒，且慢穿。臨行祝何❹你二三遍。祝付在外星星❺尋歇處，休戀孤舟小唱，船在外少把多嬌亂。我信裏真言等你，你那裏急早回還。〔生白〕小生也奉謝二姐一杯。〔生唱〕【排歌】好鳥調歌，殘花雨香。鞦韆麗日門牆，可憐飛燕倚新妝。半捲朱簾春恨長。花源畔，玉洞旁，免教仙大呔❻劉郎。瓊樓啟翠慌張，不知何處是他鄉。〔生白〕二姐、三姐同飲一杯。〔旦唱〕【鎖南枝】多才一去無消息，雁叫音書不見的回撿。撚香前鬢同發誓，去時節，難割捨與你的分離，悄❼金帳裏同歡會。粉翠開屏佐❽再不去交付你，同床共枕，舉按❾齊眉。〔合〕你負心，無怎知，掩❿負心，神自知，生生世世爲夫妻，一點真心望不見你，匕匕。〔生白〕來到此間，不曾動問姐姐家住在那裏？

❶ 依田：詞義費解，疑爲「依舊」。
❷ 目：疑爲「日」之誤。
❸ 瞻：原字難辨，存疑。
❹ 祝何：疑爲「囑咐」。下同。
❺ 星星：疑爲惺惺。
❻ 大呔：原刊如此，疑有誤，整句似「免教仙女笑劉郎」。
❼ 悄：銷。
❽ 佐：做。
❾ 按：案。
❿ 掩：疑爲「俺」。

〔旦白〕一言難盡。〔生白〕且説無妨。【綿搭絮】❶家住女寧貴府地，名西關。〔生白〕你姓名叫甚麽？〔占唱〕❷奴□李名資父□□□母是大賢。〔生白〕因爲甚麽？〔占唱〕因爲年冬荒旱，走在南洋❸。〔生白〕歇在那一家？〔旦唱〕歇在張門店裏，買賣鶯❹生度時光。〔生白〕我才自進來，有一出去是生❺？〔占唱〕是我兒夫朋友。〔生白〕見是你兒夫朋友，則有好茶酒相待，怎麽夜去明來？〔占唱〕也❻打聽我兒夫不在，連走兩三番。〔生白〕他來爲何？〔占唱〕他有巧計生心，匕匕，送❼把奴來纏。〔生白〕難説他强下來？〔占唱〕奴在店❽花園中道賞，他走生❾身邊，雙手相抄把奴抱在懷。〔生〕怎麽不叫起來？〔占〕奴不敢言。〔生〕這等樣似與他交情了？〔占〕和他交情。〔生〕和他交情，有甚麽話説。〔占唱〕和他交情時節，他有些善言，教奴家搬去連居，少柴没米，好來相雇聘❿。〔生唱〕我勸你不要搬去可好，恐怕他後來有是非。〔占唱〕柰⓫我

❶〔綿搭絮〕：此曲應爲〔旦唱〕，原缺。
❷〔占唱〕：即〔貼唱〕，「貼」指「三姐」。下同。
❸走在南洋：戲文中少見的「走在南洋」，閩南人自唐宋時起就「出洋謀生」，在「勾欄」中提及，或是首次。
❹鶯：應爲「營」。
❺是生：應爲「是誰」。
❻也：疑爲「他」。
❼送：疑爲「常」之誤。
❽店：疑爲「奠」，義「停留」，與「在」同義。
❾生：疑有誤，似應是「來」或「近」。
❿雇聘：疑爲「顧盼」，義「關照」或「照顧」。
⓫柰：奈。

情人膽大，奴有些猖狂，道惹得閒話説，我兒夫道把奴來揣❶。〔生白〕怕你兒夫，和他離別罷了。〔旦〕❷離又不得。〔生〕怎麽離不得？〔旦〕和□□，□裏□□□□〔生〕□□□❸總是空。〔旦〕如若有情人，七孔流膿，肉爛骨在床。〔生〕你愛他那一些，發這等大咒？〔旦〕奴愛一貌堂堂，言語又有些高强。識古通今，棋子雙陸，武藝盡皆全。〔生白〕這等樣生得標志❹，頭上帶❺的甚麽子？〔旦〕頭上帶的尾龍帽，一頂細綱巾，寬羅科接頭，頭髻子是金針。〔生白〕身上穿的甚麽子？〔旦唱〕身上穿的油敦大布漂白汗衫。〔生白〕裏頭襯的甚麽子？〔旦〕馬尾棕裙襯細腰□□。〔生〕脚下穿的甚麽子？〔旦〕脚下穿的已皮皂靴，都是粉底班尖，夏天涼襪又是段子延❻。〔生〕姐兒，這等打扮，敢面趕上妝金，你曾到他家不曾到他家？〔旦〕他住的是府廊大舍，都是細尾磨磚。〔生〕出門怎麽樣布擺？〔旦〕出門騎的是騎馬雕鞍，四寶廂敢蓋得又周全。〔生〕他這等樣好，怎麽不嫁與他？〔旦〕柰我兒夫現在，他妻又不忘。〔生〕兩下都在，有甚麽主張？〔旦〕願我兒夫過海遭風遇强人，追❼他一命亡。〔生〕這個人食酒，倒在冷地睡——欺❽心。〔旦〕三爹，我問

---

❶ 揣：字典無字，疑爲攬。
❷ 〔旦〕：這段全是三姐（占，應爲貼）的曲白，至終未見標爲〔占〕。
❸ 以上三行，原刊漫漶。
❹ 標誌：疑應爲「標緻」。
❺ 帶：戴。下同。
❻ 延：疑應爲「沿」。
❼ 追：義爲「待」。
❽ 欺：與「攲」諧音。

你，我怎麼欺心？〔生〕你兒❶死去，閻王殿前也不放過你。〔旦〕奴有靈符七道，鎮守住門前。奴同他在銷金帳裏團圓，那小鬼在門前要❷不敢言，匕匕。〔生〕你這等樣，是浮陽湖裏打籬巴。〔旦〕正是難爲❸〔生〕我勸你與他離别罷了。〔旦〕若是要分離，除非太行山倒，海水炤❹乾。〔生〕要那等樣長，也佐甚麼事？〔占唱〕都是浪裏淘沙，沙裏掏金，難上難，匕匕。〔争❺白〕天色晚了，請三爹回去。〔生白〕安童，你去廂❻子裏拿得二兩銀子來，送與大姐買花帶。〔旦白〕三爹，怎麼好收裏❼銀子。〔生〕這也是小可，不多，送大姐買花帶。〔旦白〕三爹，見是天色晚了，則在這裏歇罷。〔生白〕你這裏人衆多，我回主人家歇罷。〔旦白〕如此多承，匕匕。〔生白〕正是相逢不飲空歸去，洞口桃花也笑人。〔旦白〕三爹請請，奴不送了，休怪，匕匕。

原載《荔鏡記荔枝記四種》中國戲劇出版社二〇一〇年版

❶ 你兒：疑爲「你兒夫」。
❷ 要：原字難辨，似要、耍。
❸ 爲：諧音圍。
❹ 炤：同照。
❺ 争：净。
❻ 廂：箱。
❼ 裏：你。

李温陵外紀

説　明

《李温陵外紀》，明萬曆間顔子（名里不詳）編刻《李氏全書》十九卷，内附《李温陵外紀》五卷，潘曾紘輯。潘曾紘（？——公元一六三六年），字昭度，萬曆四十四年（公元一六一六年）進士。授商城知縣，賑濟饑民，得民心。曆官江西左布政使。崇禎九年（公元一六三六年），以右副都御史巡撫南贛，率兵勤王，以疾卒于軍。有《芳蓀館遺稿》。其事迹見《嘉慶重修一統志》卷二三三、《文直行書》卷七《送潘昭度公祖巡撫南贛序》等。李贄被封建統治者迫害而死後，不但没有消弭其影響，而且更使李贄聲名大振，悼念詩文綿綿不絶。潘曾紘對李贄也極爲崇敬，因此，他不懼統治者的畏迫，輯録了《李温陵外紀》，把悼念李贄的詩文匯集梓行，給我們留下一份寶貴的資料，其精神深可贊賞。他在序文中説：「余生也晚，不及見卓吾先生。常讀其書，而知其我能用學，不爲學所用也。蓋以我用學，學乃大；爲學所用，則我亦渺小矣。且古人何嘗有一定立學術哉。」又説：「是不學無術，非真英雄也；泥古不通，非真學問也，今古皆然。世乃獨疑于卓老，何耶？　余于是輯《外紀》一書，以俟尚論者，而獨信其氣吞九州，腦無一字，有大用而不見其迹者也。」言辭間不但表現出對李贄的崇敬，對李贄的學術思想也深知三昧。

潘曾紘還寫有《書柞林紀譚》一文。《柞林紀譚》，署名袁中道編。該書以對話的形式記録了公安三袁與李贄廣泛地進行了學理研究，諸如凡聖的同异，學道的根器，學問、功業的關系，六經、《莊子》《水滸傳》的意義，以及對衆多歷史人物的評析等，内容豐富，語言犀利詼諧，是研究李贄以及李贄與公安三袁關系的重要文獻。但有學人對此書的真僞有所懷疑，這裏不論。《書柞林紀譚》一文没署作者名，但文中有「會家弟慧曉自武林歸，手《柞林紀譚》一篇示余」。慧曉是潘灝的字，是潘曾紘之弟，由此可定《書柞林紀譚》爲潘曾紘所作，在此文中寫道：《柞林紀譚》「其所持論，雖散見卓吾諸書，而一時嬉笑怒駡，壁立萬仞之機鋒，如寫生照，更覺可喜」。從中亦可見其對李贄的贊譽。

此次，整理以明萬曆顔子《李氏全書》十九卷中的《李温陵外紀》五卷爲底本，並對收録各文的出處進行了查對。需要説明的是，潘曾紘收入《李温陵外紀》之文有些與原文出入較大，如袁中道的《李温陵傳》，與《珂雪齋集》中之文出入極大，對此還請讀者注意。行文中漶漫而不能確知者，以及依他書補入之字，均以□號標示。

卓吾外紀小引

唐李邕自牝朝爲鳳閣時，即以直聲振天下。嗣後浮沈州郡，名愈高而位不進。至天寶間，竟爲林甫所擠，七十而斃於枯木之下。今北海之名如日月經天，碑版數字，動享鏐幣，彼其精光注射，豈與候蟲時鳥自鳴自止者比哉。李卓吾先生生其後，書法詩賦未能及北海，而見地超絶，筆芒開異，令醒者醒而寐者驚，則無論邕不敢望，恐古今震旦中不复再得。其自剄詔獄，時亦七秩矣。古有思虞夏而非湯武者，皆以掇禍，則卓老實似之。北海入計京師時，都人聚觀，填塞衢巷，以爲衣冠中亦有异氣。嗟乎，天下皆常人耳，其見異人，不笑則怒，異人何策而能常保此異哉！

卓老晚歲入都，以異著聞，終以不免，頫仰古今，可爲英雄痛哭。當邕之名盛也，愛之者貽書規之，以爲干將莫邪，太剛則折，欲其韜晦以自全，此豈知邕者？使卓老當時稍稍貶其機鋒，則亦至今在也。彼异人者，自謂人生不得行胸臆，即百歲爲夭耳，肯碌碌轅下慱草木之壽乎哉！卓老書行世幾盡，吾年友潘昭度复彙其雜説及同志往還尺牘諸小文，刻爲《別紀》。昭度道心雋性，其爲文如春在花，如一滴之藏大海，與卓老光怪，概有合焉，蓋重異人而不顧世之異者也，亦真異人乎。

鈍菴韩敬

題《李温陵外紀》

吴興潘曾紘昭度甫

自俗學株守文字，古聖賢之微言妙悟，皆以其腐骨承之，而不知所以用也。嗟嗟，使學古而無濟於用，譬之塵羹泥飯，不當饑飽。竊觀前古英雄之學，《牛角》一編，闔户啟篋，皆獨觀大略，令膽識益奇。侯道華亦云：「天上無凡俗，神僊好子史」，手不釋卷。李通玄長者，援毫論（着）〔著〕，齒出白光，以代龍燭。是豈欲治經爲博士耶？〔琱〕（雕）蟲鞶帨爲文章耶！所用即所學，所學即所用，有出世用世之略者，往往如此。吾儒方欲泛六藝之齊，鋤百家之穢，顧反觸塗成碍，學步而失其故，不亦悲夫！上將擁百萬之衆，壁壘營陣，刁斗斥候，無不畢備。然客有挾三寸匕，出入重圍之中，聚散如風雨，則掣其頭去，猶腐鼠耳。以山水爲性命者，遇幽崖絶壑，雖知其難立，恒欲就之。而物外遺人，縹緲立萬仞之巔，縱有羽翼，不知何以騰躍而上也。故博聞彊記，好用衆者也；探玄測冥，好涉險者也。由乎不啟之扃，達乎無轍之境，則何適而不可乎！

余生也晚，不及見卓吾先生。常讀其書，而知其我能用學，不爲學所用也。蓋以我用學，學乃大；爲學所用，則我亦渺乎小矣。且古人何嘗有一定立學術哉。雲有時而爲蒼狗，爲美人；雪有時而爲方珪，爲圓璧；風有時而爲唱于，爲唱喁；若執其一端而曰雲也、雪也、風也，狀如是而止，聲如是而無它，可乎？水不流則腐，日月有頃刻之停則光彩或幾乎熄，此至理也。古人以無術爲術，故其術不窮；達士以不學爲學，故其學有用。張長史一觀舞劍，草書遂妙天下；章子厚日臨《脩稧帖》，識者以爲必不解書。大抵學從門入，必非家珍也。魯君涉於江而浮於海，愈往而不知所以窮，送君者自崖而返，君自此遠矣。舞劍讀書皆津，送人以游無窮者也。因筌可以得魚，而筌豈魚哉？因指可以見月，而指豈月哉？至人聞雷知非，擊竹悟道，暑退凉生，秋香滿院，指曰：「吾無隱乎爾。」古聖賢微言妙悟，烺烺典籍間者，不過如雷之聲，竹之響，秋之香云耳。領其意，如良馬見鞭影而行，泥其迹，則刻舟而求劍矣。惟有刻舟求劍者，再後有因噎廢食者。泛駕䟦跑之材，遂薄經術謂不關世務，儒生齷齪，不足與譚。然歟，否歟？

吾朝土木之變，于忠肅之對虜人曰：「賴宗廟社稷之靈，我國已有君矣！」此宋子魚之所以謀還襄公者。壯哉，忠肅之能用古也。王文成學既有得，用儒語説向士大夫，尊考亭而陰黜其支離，闢乾竺而全撮其勝會，至天泉傳道，幾於打破砂鍋矣。壯哉，文成之能翻案也！二公皆英雄，何嘗非讀書譚道者乎！是不學無術，非真英雄也；泥古不通，非真學問也。今古皆然。世乃獨疑於卓老，何耶？余於是輯《外紀》一書，以俟尚論者，而獨信其氣吞九州，腦無一字，有大用而不見其迹者也。

《李温陵外紀》後序

夫得天之靈者，未嘗不得天之窮，故調高者彌寡和，士奇者多獨往，自古豪傑之士，每每恨相知之難也。汨羅之痛，宮腐之冤，夜郎之放，儋耳之謫，皆一時數奇，今古所憤懣。而讀其書，論其世，有當時而能知數子者，其名字與俱不朽，則惟相知之難而後相知之足貴也。

今卓吾先生，當世奇士也，乃其客居則逐之，著書則疑之，瀕死猶以奇禍中之，至戢棺論定，相知惟海内數人，可屈指而覆按焉，亦何相知之寡也。吾兄昭度，悲先生相知之寡，而尤幸先生相知者之皆名流也，《外紀》可無作乎！嗟嗟，屈原窮愁則有《離騷》，馬遷刑廢則有《史記》，太白見放則豪于酒淫于詩，東坡見謫則作《易》《書解》《論語説》三書，豈徒耗壯心而銷餘年，蓋當世莫知而欲以殘編斷簡之中，求相知於千百世之下也。先生如此不見容於世，而亦作《焚書》《藏書》《易因》諸書，則先生上侶數子，下友海内諸英，而先生真不孤矣，謂《外紀》爲先生志喜，亦可也。余獨怪火齊夜光，世所不經，目之珎，人人思得之。至于畸人異士，擯棄如泥沙，必欲使之諧俗，則亦何重物而輕人也耶，敢因《外紀》而後志慨云。

弟灝慧曉甫謹跋

李温陵外紀卷之一

雜文彙

〇〇〇李温陵傳　　袁小修

李温陵者，名載贄。少舉孝廉，以道遠，不再上公車，爲校官，徘徊郎署間。後爲姚安太守。公爲人中燠外(泠)〔冷〕，丰骨稜稜。性甚卞急，好面折人過，士非參其神契者，不與言。强力任性，不强其意之所不欲。初未知學，有道學先生語之曰：「公怖死否？」公曰：「死矣，安得不怖。」曰：「公既怖死，何不學道？學道所以免生死也。」公曰：「有是哉？」遂潛心道妙。久之自有所契，超於語言文字之表，諸執筌蹄者，了不能及。爲守，法令清簡，不言而治。每至伽藍，判了公事，坐堂皇上，或寘名僧其間，簿書有隙，即與參論虛玄。人皆怪之，公亦不顧。禄俸之外，了無長物。陸績鬱林之石，任昉桃花之米，無以過也。久之，厭圭組，遂入鷄足山，閱龍藏不出。御史劉維奇其節，疏令致仕以歸。

初與楚黄安耿子庸善，罷郡遂不歸。曰：「我老矣，得與一二勝友，終日晤言，以遺餘日，即爲至快，何必故鄉也。」遂携妻女客黄安。中年得數男，皆不育。體數癯，淡于聲色，又癖潔，惡近婦人，故雖無子，不寘妾婢。後妻女欲歸，趣歸之。自稱「流寓客子」。既無家累，又斷俗緣，參求乘理，極其超悟，剔膚見骨，迥絶理路。出爲議論，皆爲刀劍上事，獅子迸乳，香象絶流，發詠孤高，少有酬其機者。

子庸死，子庸之兄天台公惜其超脱，恐子侄效之，有遺棄之病，數至箴切。公遂至麻城龍潭湖上，與僧無念、周友山、丘坦之、楊定見聚，閉門下（捷）〔键〕，日以讀書爲事。性愛掃地，數人縳帚不給。衿裙浣洗，極其鮮潔，拭面拂身，有同水淫。不喜俗客，客不獲辭而至，但一交手，即令之遠坐，嫌其臭穢。其忻賞者，鎮日言笑，意所不契，寂無一語。滑稽排調，衝口而發，既能解頤，亦可刺骨。所讀書皆抄寫爲善本，東國之秘語，西方之靈文，《離騷》、馬、班之篇，陶、謝、柳、杜之詩，下至稗官小説之奇，宋元名人之曲，雪藤丹筆，逐字讐校，肌襞理分，時出新意。其爲文不阡不陌，抒其胸中之獨見，精光凛凛，不可迫視。詩不多作，大有神境。亦喜作書，每研墨伸楮，則解衣大叫，作兔起鶻落之狀。其得意者亦甚可愛。瘦勁險絶，鐵腕萬鈞，骨稜稜紙上。一日惡頭癢，倦于梳櫛，遂去其髮，獨存鬢鬚。公氣既激昂，行復詭異，斥異端者日益側目。與耿公往復辯論，每一札，累累萬言，發道學之隱情，風雨江波，讀之者高其識，欽其才，畏其筆，始有以幻語聞當事，當事者逐之。

于時左轄劉公東星迎公武昌，舍蓋公之堂。自後屢歸屢遊：劉公迎之沁水，梅中丞迎之雲中，焦弱侯先生與公以問學相契，迎之秣陵。無何，復歸麻城。時又有以幻語聞當事，當事者又誤信而逐之，火其蘭若，而馬御史經綸遂躬迎之于北通州。又會當事者欲誅異端以正文體，疏上之，緹騎逮公於獄，馬公與俱，罪止回籍。會旨不下，公曰：「我年八十，何所求，安能常抑抑求生乎？」候馬公及侍者他出，遂以薙髮刀自到死。馬公哭之痛絶，乃爲之大治冢墓，建佛刹云。

公素不愛著書，初與耿公辨論之語，多爲掌記者所録，遂哀之爲《焚書》。後以時義詮聖賢深旨，爲《説書》。蓋公於誦讀之暇，復愛讀史，于古人作用之竗，大有所窺。以爲世道安危治亂之機，捷于呼吸，微于縷黍。世之小人既僥倖喪人之國，而世之君子理障太多，名心大重，護惜大甚，爲格套局面所拘，不知古人清浄無爲、行所無事之旨，與藏身忍垢、委曲周旋之用。使君子不能以用小人，而小人得以制君子。故往往明而不晦，激而不平，以至於亂。而世儒觀古人之跡，又概繩以一切之法，不能虚心平氣，求短于長，見瑕于瑜，好不知惡，惡不知美。至於今，接響傳聲，其觀場逐隊之見，已入人之骨髓而不可破。于是上下數千年之間，別出手眼，凡古所稱爲大君子者，有時攻其所短；而所稱爲小人不足齒者，有時不没其所長。其意大多在于黜虚文、求實用；舍皮毛，見神骨；去浮理，揣人情。即矯枉之過，不無偏有重輕，而舍其批駁詼笑之語，細心讀之，其破的中竅之處，大有補于世道人心。而人遂以爲得罪於名教，比之毁聖叛道，則已過矣。

昔馬遷、班固各以意見爲史。馬遷先黄、老後六經，退處士進游俠，當時非之；而班固亦排守節，鄙正直。後世監二史之弊，汰其意見，一一歸之醇正，然二家之書若揭日月，而唐宋之史讀不終篇，而已兀然作欠伸狀，何也？豈非以獨見之處，即其精光之不可磨滅者與！且夫今之言汪洋自恣，莫如《莊子》，然未有因讀《莊子》而汪洋自恣者也，即汪洋自恣之人，又未必讀《莊子》也。今之言天性刻薄，莫如《韓子》，然未有因讀《韓子》而天性刻薄者也，即天性刻薄之人，亦未必讀《韓子》也。自有此二書以來，讀《莊子》者撮其勝韻，超然名利之外者，代不乏人，而申、韓之書，得其信賞必罰者，亦足以强主而尊朝廷。即醇正如諸葛，亦手寫之以進後主，何嘗以意見少駁，遂盡廢之哉！

夫六經洙泗之書，粱肉也。世之食粱肉太多者，亦能留滯而成痞，故醫者以大黄蜀荳瀉其積穢，然後脾胃復而無病。九賓之筵，雞豚羊魚相繼而進。至於海錯，若江瑶柱之屬，弊吻裂舌，而人思一朵頤。則謂公之書謂消積導滯之書可，謂是世間一種珍奇，不可無一不可有二之書亦可。特其出之也太早，故觀者之成心不化，而指摘生焉。

然而窮公之所以罹禍，又不自書中來也。大都公之爲人，實有不可知者；本絶意仕進也，而專譚用世之畧，謂天下事决非好名小儒之所能爲。本狷潔自厲，操若冰霜人也，而深惡枯清自矜，刻薄瑣細者，謂其害必在子孫。本屏絶聲色，視情慾如糞土人也，而愛憐光景，於花月兒女之情狀亦極其賞玩，若借以文其寂寞。本多怪少可，與物不和人也，而於士之有一長一能者，傾注愛慕，自以爲不如。本息機忘勢，槁木死灰人也，而于古之忠臣義士，俠兒劍客，死亡雅誼，生死交情，讀其遺事，爲之咋指斫案，投袂而起，泣淚横流，痛哭滂沱而不自禁。若夫骨堅金石，氣薄雲天；言有觸而必吐，意無往而不伸；排榻勝己，跌岩王公。孔文舉調魏武若稚子，稽叔夜視鍾會如奴隸。烏巢可覆，不改其鳳咮；鸞翮可鎩，不馴其龍性。斯所由焚芝鋤蕙，銜刀若盧者也。嗟乎！才太高，氣太豪，不能埋照溷俗，卒就囹圄，慚柳下惠而愧孫登，可惜也夫！可戒也夫！

公晚年讀《易》，著書曰《九正易因》。意者公於《易》大有得，舍亢入謙，而公遂老矣逝矣！公所表章之書，若《陽明先生年譜》，及《龍溪語録》，其類多不可悉記云。外史氏曰，或曰：「公之於温陵也，學之否？」予曰：「雖好之，不學之也。其人不能學者有五，不願學者有三。公爲士居官，清節凛凛，而吾輩隨來輒受，操同中人，一不能學也；公不入季女之室，不登冶童之牀，而吾輩不斷情慾，未絶嬖寵，二不能學也；公深入至道，見其大者，而吾輩株守文字，不得玄旨，三不能學也；公自少至老，惟知讀書，而吾輩汩没塵緣，不親韋編，四不能學也；公直氣勁節，不爲人屈，而吾輩膽力怯弱，隨人俯伸，五不能學也。若好剛使氣，快意恩讎，意所不可，動筆之書，不願學者一矣；既已離仕而隱，即宜遁跡入山，而乃徘徊人世，禍逐名起，不願學者二矣；急乘緩戒，細行不修，任情適口，鸞刀狼藉，不願學者三矣。夫其所不能學者，將終身不能學；而其不願學者，斷斷乎其不學之矣。故曰雖好之，不學之也。若夫幻人之譚，謂其既已髡髮，仍冠進賢，八十之年，不忘欲想者，有是哉！所謂蟾蜍擲糞，自其口出者也。」

○卓吾論畧

李氏《焚書》

孔若谷曰：吾猶及見卓吾居士，能論其大畧云。居士別號非一，卓吾特其一號耳。卓又不一，居士自稱曰卓，載在仕籍者曰篤。雖其鄉之人，亦或言篤，或言卓，不一也。居士曰：「卓與篤，吾土音一也，故鄉人不辨而兩稱之。」予曰：「此易矣，但得五千絲付鉄匠衚衕梓人，改正矣。」居士笑曰：「有是乎？子欲吾以有用易無用乎？且夫卓固我也，篤亦吾也。稱我以『卓』，我未能也；稱我以『篤』，亦未能也。予安在以未能易未能乎？」故至於今並稱卓、篤焉。

居士生大明嘉靖丁亥之歲，時維陽月，得全數焉。生而母太宜人徐氏没，幼而孤，莫知所長。長七歲，隨父白齋公讀書歌詩，習禮文。年十二，試《老農老圃論》。居士曰：「吾時已知樊遲之問，在荷蕢丈人間。然而上大人丘乙己不忍也，故曰：『小人哉，樊須也。』則可知矣。」論成，遂爲同學所稱。衆謂「白齋公有子矣」。居士曰：「吾時雖幼，早已知如此臆説，未足爲吾大人有子賀，且彼賀意亦太鄙淺，不合於理。彼謂吾利口能言，至長大或能作文詞，博奪人間富若貴，以救貧賤耳，不知吾大人不爲也。吾大人何如人哉？身長七尺，目不苟視，雖至貧，輒時時脱吾董母太宜人簪珥以急朋友之婚，吾董母不禁也。此豈可以世俗胸腹窺測而預賀之哉？」

稍長，復憒憒，讀傳註不省，不能契朱夫子深心。因自怪，欲棄實不事。而〔間〕（閑）甚，無以消歲日，乃嘆曰：「此直戲耳。但剽竊得濫目足矣，主司豈一一能通孔聖精蘊者邪？」因取時文尖新可愛玩者，日誦數篇，臨場得五百。題旨下，但作繕寫謄録生，即高中矣。居士曰：「我此倖不可再僥也。且吾父老，弟妹婚嫁各及時。」遂就禄，迎養其父，婚嫁弟妹各畢。居士曰：「我初意乞一官，得江南便地，不意走共城萬里，反遺父憂。雖然，共城，宋李之才宦遊地也，有邵堯夫安樂窩在焉。堯夫居洛，不遠千里就之才問道。吾父子儻亦聞道於此，雖萬里可也。且聞邵氏苦志參學，晚而有得，乃歸洛，始婚聚，亦既四十矣。使其不聞道，則終身不娶也。予年二十九而喪長子，且甚戚。夫不戚戚於道之謀，而唯情是念，視康節不益愧乎？」安樂窩在蘇門山百泉之上。居士生於泉，泉爲温陵禪師福地。居士謂：「吾温陵人，當號温陵居士。」至是日遊遨百泉之上，曰：「吾泉而生，又泉而官，泉於吾有夙緣哉！」故自謂百泉人，又號百泉居士云。在百泉五載，落落竟不聞道，卒遷南雍以去。

數月，聞白齋公没，守制東歸。時倭夷竊肆，海上所在兵燹。居士間關夜行晝伏，餘六月方抵家。抵家又不暇試孝子事，墨衰率其弟若侄，晝夜登陴擊柝，爲城守備。城下矢石交，米斗斛十千無糴處。居士家口零三十，幾無以自活。三年服闋，盡室入京，蓋庶幾欲以免難云。

居京邸十閱月，不得缺，囊垂盡，乃假館受徒。館復十餘月，乃得缺，稱國子先生，如舊官。未幾，竹軒大父訃又至。是日也，居士次男亦以病卒于京邸。予聞之，嘆曰：「嗟嗟！人生豈不苦，誰謂仕宦樂。仕宦若居士，不乃更苦邪？」弔之。入門，見居士無異也。居士曰：「吾有一言，與子商之：吾先曾大父大母殁五十多年矣，所以未歸土者，爲貧不能求葬地；又重違俗，恐取不孝譏。夫爲人子孫者，以安親爲孝，未聞以卜吉自衛暴露爲孝也。天道神明，吾恐決不肯留吉地以與不孝之人，吾不孝罪莫贖矣。此歸，必令三世依土。權寘家室于河內，分賻金一半買田耕作自食，予以半歸，即可得也。第恐室人不從耳，我入不聽，請子繼之！」居士入，反覆與語。黃宜人曰：「此非不是，但吾母老，孀居守我，我今幸在此，猶朝夕泣憶我，雙眼盲矣。若見我不歸，必死。」語未終，淚下如雨。居士正色不顧，宜人亦知終不能迕也，收淚改容謝曰：「好好！第見我母，道尋常無恙，莫太愁憶，他日自見吾也。勉行襄事，我不歸，亦不敢怨。」遂收拾行李托室買田種作如其願。

時有權墨吏嚇富人財不遂，假借漕河名色，盡徹泉源入漕，不許留半滴溝洫間。居士時相見，雖竭情代請，不許。計自以數畝請，必可許也。居士曰：「嗟哉，天乎！吾安忍坐視全邑萬頃，而令予數畝灌溉豐收哉！縱與必不受，肯求之？」遂歸。歲果大荒，居士所寘田僅收數斛稗。長女隨艱難日久，食稗如食粟。二女三女遂不能下咽，因病相繼夭死。老媪有告者曰：「人盡饑，官欲發粟。聞其來者爲鄧石陽推官，與居士舊，可一請。」宜人曰：「婦人無外事，不可。且彼若有舊，又何待請邪？」鄧君果撥己俸二星，并馳書與僚長各二兩者二至。宜人以半糴粟，半買花紡爲布。三年衣食無缺，鄧君之力也。居士曰：「吾時過家畢葬，幸了三世業緣，無宦意矣。回首天涯，不勝萬里妻孥之想，乃後抵共城。入門見室家，懽甚。問二女，又知歸未數月，俱不育矣。」此時黃宜人泪相隨在目睫間，見居士色變，乃作禮，問葬事，及其母安樂。居士曰：「是夕也，吾與室人秉燭相對，真如夢寐矣。乃知婦人勢逼情真，吾故矯情鎮之，到此方覺屐齒之折也。」

至京，補禮部司務。人或謂居士曰：「司務之窮，窮于國子，雖子能堪忍，獨不聞『焉往而不得貧賤』語乎？」蓋譏其不知止也。居士曰：「吾所謂窮，非世窮也。窮莫窮於不聞道，樂莫樂於安汝止。吾十年餘奔走南北，祇爲家事，全忘却温陵、百泉安樂之想矣。吾聞京師人士所都，蓋將訪而學焉。」人曰：「子性太窄，常自見過，亦時時見他人過，苟聞道，當自宏濶。」居士曰：「然。予實窄。」遂以宏父自命，故又爲宏父居士焉。

居士五載春官，潛心道玅，恨不得起白齋公于九原，故其思白齋公也益甚，故自號思齋居士。一日告我曰：「子知我久，我死請以誌囑。雖然，予若死于朋友之手，一聽朋友所爲；若死于道路，必以水火葬，決不以我骨貽累他方也。墓誌可不作：作傳其可。」予應曰：「予何足以知居士哉？他年有顧虎頭知居士矣。」遂著論，論其大畧。後予遊四方，不見居士者久之，故自金陵已後，皆不撰述。或曰：「居士死于白下。」或曰：「尚在滇南未死也。」

○○贈李先生致仕去滇序

顧冲菴

温陵李先生爲姚安府且三年，大治，懇乞致其仕去。

初，先生以南京刑部尚書郎來守姚安，難〔关〕萬里，不欲携其家，其室人强從之。蓋先生居常遊，每適意輒留，不肯歸，故其室人患之，而强與偕行。至姚安，無何即欲去，不得遂，乃强留。然先生爲姚安，一切持簡易，任自然，務以德化人，不賈世俗能聲。其爲人汪洋停蓄，深博無涯涘，人莫得其端倪，而其見先生也，不言而意自消；自僚屬、士民、胥隸、夷酋，無不化先生者，而先生無無有也。此所謂無事而事事，無爲而無不爲者邪？

謙之備員洱海也，先生守姚安已年餘，每與先生譚，輒夜分不忍别去，而自是先生不復言去矣。萬曆八年庚辰之春，謙以入賀當行。是時，先生歷官且三年滿矣，少需之，得上其績，且加恩或上遷。而侍御劉公方按楚雄，先生一日謝簿書，封府庫，携其家，去姚安而來楚雄，乞侍御公一言以去。侍御公曰：「姚安守，賢者也。賢者而去之，吾不忍。非所以爲國，不可以爲風，吾不敢以爲言。即欲去，不兩月所爲上其績而以榮名終也，不其無恨於李君乎？」先生曰：「非其任而居之，是曠官也，贄不敢也；需滿以倖恩，是貪榮也，贄不爲也；名聲聞於朝矣，而去之，是釣名也，贄不能也。去即去耳，何能顧其他？」而兩臺皆勿許。于是先生還其家姚安，而走大理之鷄足。鷄足者，滇西名山也。兩臺知其意已決，不可留，乃爲請于朝，得致其仕。

命下之日，謙方出都門，還趣滇，恐不及一晤先生而别也，乃至楚之常、武而程程物色之。至貴竹，而知先生尚留滇中，遨遊山水間，未言歸，歸當以明年春，則甚喜。或謂謙曰：「李姚安始求去時，惟恐不一日去，今又何遲遲也？何謂哉？」謙曰：「李先生之去，去其官耳。去其官矣，何地而非家，又何迫迫於温陵者爲？且温陵又無先生之家。」及至滇，而先生果欲便家滇中，則以其室人晝夜涕泣請，將歸楚之黄安。蓋先生女若婿皆在黄安，依耿先生以居，故其室人第願得歸黄安云。先生别號曰卓吾居士。卓吾居士别有傳，不具述，述其所以去滇者如此。

先生之行，取道西蜀，將穿三峽，覽瞿塘、灔澦之勝，而時時過訪其相知故人，則願先生無復留，携其家人一意達黄安，使其母子得相共，終初念，而後東西南北，唯吾所適，不亦可乎？先生曰：「諾。」遂行。

○○○李禿翁贊　　吴寧野

造化無大美，豐其角者嗇其齒，艷其色者夭其祉，全其神者伐其羽。故龍聽以角，西沼吴子，鳥雖能飛，而於世徒呰。惟夫峻千秋之賞，吐無前之髓，而廼能以信已。禿翁住世間，世間應憎否？禿翁離世間，世間多寶徵。只讀世間書，禿翁死不死？髮之鬒也，媚而且泚；衣之緇也，澣而曰李。彼方啖嚼芻狗，播揚糠粃，宇宙爲小，日月其矢，操刀割之，合掌咲耳。嗚呼！眼中有鏡，胡以鑑人而不鑑己？舌上有香，胡以念佛而不念世？擊研長作枯魚聲，萬古英雄淚不止；搦管勝操照夜刀，一生肝膽血如洗。禿翁來歸，西方不可以久留些。

〇〇〇祭卓吾先生文

陶周望

先生没且塔矣，望齡始求以使事出，出且哭於塔院，既而不果。月在午，日在未，於是屬其友人王贊化修伊蒲之供，爲辭以哭先生曰：

於戲先生！獨處獨游，獨行獨語。目如辰曦，膽如縣瓠！口如震霆，筆如飛雨。萬蟄俄開，羣萌畢怒。或震而驚，以亡其箸。

於戲先生！人謂奇敗，奇亦何病。（蚉）〔蚩〕雖蚩者氓，自投坑穽。從穽笑山，謂山蓋峻。山謂穽人，子言非正。等不平耳，隆窪孰勝。

於戲先生！是亦難言，几席之間。蚍蜉所屯，或窪而川，或凸而巔。或墜或攀，不能寸分。匪居之陂，爾見爾聞。

於戲先生！是亦難言，氣聚必墳，岡陵峙焉，流盛必喧，波濤以奔。誰云地夷，而靡高原，誰云川恬，而靡浪翻。

嗚呼先生！大鵬九萬，風在其下。目無川陵，蒼然曠野。平與非平，誰非平者。嗟我人斯，其知蓋寡。如彼玄駒，而談駟馬。

於戲先生！荷澤紗門，姚江正令。法法全真，人人證聖。我説無奇，爾思不競。杜口忘言，誰其善聽！

於戲先生！ 爾賢爾才，尚或靳予。心知其然，色愉以舞。有大士言，吾不輕汝。汝當作佛，在爾近取。爾佛爾聖，爾則憑怒。打擲詈罵，以爲笑侮。

嗚呼先生！ 呼牛馬足，謂麕狼題。有蹄適五，有角非岐。命之曰麟，胡爲弗疑。軒圃虞田，胡爲弗來。

於戲先生！ 民尊厥聞，若尊其身。保厥是非，如守詛盟。矢鵠何讐，羊蟻何親。貿首之争，匪地匪城。

於戲先生！ 愛夢憎空，吹光斫水。塗割匪殊，在亡均理。

於戲先生！ 已而已矣！

○哭李卓吾先生文

方時化

弟子方時化，初得侍先生也，以先生爲先子平生所獨信，一言一動，悉自庭中，口述片楮，皆什襲以藏，如珍萬鎰，弟子是用行父之志，敬父之執，既久侍先生也。值先生與漪園先生紹明十翼，弟子有千古不破之疑，先生有千古無兩之識，弟子竊傚漢儒重經，竭誠致力。雖然，弟子即託通家詢經術，先生無少昵焉。弟子所以日嚴先生如父，日奉先生如羲文孔子，實察嘵嘵，愈益傾服，先生心如皎日。迺頃者先生去楚入燕，弟子問久不及也。一則侍相親有馬公，一則羈貧賤奉母不給，及一旦驀然遠聞被逮，即日成感憤詩，爲先生心喪而已。或傳言其不測也不驚，或傳言其將有温旨也不喜。夫何故，占之《易》，先生委而化矣。逮訃至而果爾。然之子業已難不趨，奠不時，固自謂能信先生所歆饗不在是，人將毋曰盍亦不一言發明先生乎？弟子則聲哽咽而愴欲死。曰吾將言先生於《易》道，河圖不啟，吾將言先生誰起先子。吁嗟嗟乎！ 吾何言，吾第仰天高哭先生，聊自嘔其心如此。

○○哭李卓吾先師告文

汪本鈳

壬寅年五月二十六日，弟子汪本鈳接純夫莊先生書，而知吾師竟引決矣。師春間病通州，有遺言葬通州，到都門而病猶未愈，夫不肯病死，竟引決而死，此嚮者《五死篇》之所由作邪！鈳自三月十二日别師，師遽于三月十五日引決，到十六夜子時長往矣，曾幾何時也。不獲親聆遺教，鈳聞之痛恨欲死，日如夢寐中，恨不即死，早見吾師也。但愧鈳尚實不知師，而又何可以死，又何以能得見師也。

憶鈳甲午年始見師于龍湖。鈳少慕仙術，意師爲神仙中人，及見師，乃知師非養生者。厥後師語鈳曰：「丈夫生於天地間，太上出世爲真佛，其次不失爲功名之士。若令當世無功，萬世無名，養此狗命在世何益？不如死矣。」留鈳讀書龍湖，日課舉子業，夜談《易》一卦，此時鈳懵懵也。丁酉又尋師于北京極樂寺，師問鈳曰：「子今不遠數千里而來，欲求何事？若只教爾舉子業，則我非舉業師也。」鈳茫然無以應。然出世之志默自凛凛振起一番。

明年春，弱侯焦先生迎師抵白下，爲精舍以居。時方先生伯雨挈家往就學焉。師因與讀《易》其間，每至夜分始徹，鈳不過從旁作記載人，而《易因》梓矣。

庚子冬，師又讀《易》于黄蘗山中，改正《易因》。適馬誠所先生自北通州來訪師山中，越春二月，師與馬先生同至通州。既至，又與讀《易》，每卦自讀千遍，又引坡公語語鈳曰：「經書不厭百迴讀，熟讀深思子自知。」近一年所，而《易因》改正成矣，名曰《九正易因》。鈳從師先後計九載，見師無一年不讀《易》，無一月不讀《易》，無一日無一時刻不讀《易》，至于忘食忘寢，務見三聖之心而後已。鈳今思之，猶不知《易》爲何物，隨師讀《易》爲何事？夫既不知讀《易》，又安能希了出世之志乎？既不能了出世之志，又安能明師之《九正易因》乎？真所謂覿面相失者也。而今已矣，已矣，不復見吾師矣。錮從此願終身讀《九正易因》以見師，師其憫念予誠而神爲通之。俾錮不得明《易》道于師之生前，庶幾窺《易》道于師之没後，了此出世志，而千萬劫皈依師於一堂之上，得以見我師也夫，得以見我師也夫。

○○李卓吾先生告文

佘永寧

萬曆壬寅夏，新安後學佘永寧既輯李卓吾先生《答問》，俄聞先生訃至，崩摧痛悼，莫知所云。於時爲位，稽首再拜，告于卓吾先生之靈曰：

先生何以死哉？先生古之爲己者也，爲己之極，急於爲人，爲人之極，至于無已，則先生者今之爲人之極者也。吾方意先生將爲萬乘寮，著之東方生而壽斯人，而先生其遂没乎！先生近溪羅夫子之真知己也，吾不及見羅夫子，而得及魯川曹先生門，又得及復所楊先生門，因及見先生。吾方欲從先生悉羅夫子之藴，而先生其已没乎？嗟乎！先生没矣，予小子將安仰之？予思先生爲明生死大事，受盡鑪錘，大事既明，重哀斯世，誠欲得夫真荷擔者，而付囑之，法器一〔逢〕〔逢〕，即如船子和尚没身足矣。顧此何事，非真眼睛者不識，非真脚跟者不行，非真骨力者不任。先生目擊天下虛假者多，真實者少，於是閉門自適，不得已而用肅殺之權。非肅殺之權也，慈憫之極也。若曰惟至仁能發殺機，昔我太祖高皇帝嘗握此機矣，卒發以統一聖真，開平萬世。讀御製文集識其大焉，吾輩憲章高皇，彼紛紛六賊，擾亂天君，殺而安之，不亦宜乎。苟有見性之人，輪刀上陣，直將俯首下拜。故其接人處，每以肅殺爲鑪錘，八鋒一施，人多震慄，甚則聞風而嫉惡之。先生自是不白于世人，且藏刀而自用矣。何論先生其他苦心，即其尚友千古，必欲親見其人，危坐凝神，直將神交千載之上。當斯時也，呼之不應，觸之不知，乃至重掐其手，然後甫覺苦心之概，大抵如此。要以必證歸今，故以揭其真若先生者，真可謂好學也已。顧知者誰邪？

先生嘗曰：近溪羅先生真大聖人，老來善藏名，故自二三門弟外，舉世莫有真知者。知我者希則我貴，吾豈甘羅近老之太尊貴乎？我知羅近老足矣。嗟乎！羅夫子不易知，先生知之；先生更不易知，知先生者誰邪？先生每嘆世無半個真知己，然吾鄉方伯雨久侍門牆，則所以知先生者宜莫若伯雨，先生果且無知己乎？頃伯雨示予曰：吾終當使後世不泯李先師，度世夫力，接物深慈，紹明先生其一班邪，非邪？先生嘗以士爲知己者死，然不死温陵，不死西陵，不死秣陵，而竟死燕京。意者燕京故多知己乎？乃有相親如馬公，業已知先生矣。聞聖天子將睿覽先生書，行且又知先生矣。先生憲章高皇，聖天子紹述高皇，則高皇在天之靈，計且默相，吾知先生行受知於聖天子，不卜可期，先生其可死而死者乎？

乃或者類曰：先生何可死，使先生不死，聖天子温旨必及，衆生尚有賴焉，先生何適，遂惡我者之私，不可死而死。昔先生嘗論何心隱爲亢龍矣。今先生之死不亦亢乎。亢龍之悔，先生以之。予撫應曰：似矣。先生見之審矣。世人不白先生，故多欲先生死，先生因而順之。隨順世間，正先生之大慈也。世人又多怖死，每縮首尾，故不能成天下事，而况生（事）〔死〕大事乎？先生因而逆之，逆數象《易》，正先生之大用也。《易》之用九曰：「見羣龍无首，吉。」猶龍氏曰：「吾所以有大患者，爲吾有身。」先生猶龍也，其必不以有身爲吾患，至明也。矧羣非龍不能超，羣非龍不能入，先生能順能逆，能超能入，先生之見羣龍也，龍羣而无首，无首而首出，先生之死正先生之吉，而未始有悔也。所稱用九之大人非邪？世人徒見先生之死患，而不知先生之無身。憶先生之自爲，而不知先生爲己之所以爲人。我故曰：「先生今之爲人之極者也，爲人而至於無己，無己而真能成己，古爲己之學，吾幸親見乎先生矣。」

嗟乎先生！予不可復見矣。予惟爲子死孝，爲臣死忠，爲師友死義，爲生民死仁，殺身成仁，先生善死矣。先生善死，羅夫子善生，善生者固所以善死，善死者猶所以善生。善生無生，善死無死，先聖後聖，其揆一也。雖然，聖人不可知，神龍不可測，予小子蠡測耳。烏足以知先生之萬一，而敢告先生。予將以是而質之伯雨，予將以是而質之曹師，予將以是而質之冥冥中羅、楊兩夫子。

○○○追薦疏

焦弱侯

卓吾先生秉千秋之獨見，悟一性之孤明。其書滿架，非師心而寔以道古；傳之紙貴，未破俗而先以驚愚。何辜於天，乃其摩牙而相螫；自明無地，溘焉朝露之先晞。刎頸送人，豈以表信陵之義；濺血悟主，庶幾有相如之風。當其捐生殉朋友之知，足愧全軀保妻子之輩。此猶一時之果報，未論累劫之因緣。昔歌利截肢，翻以成其忍辱，而浄滿傷首；亦何損子傳衣？今傳者少而咻者多，非佛事微而魔事盛。泯同生死，蓋以示當體之全空；平等冤親，益以明達人之無我。曾于公而何憾，顧我輩之奚堪？燈火殘更，尚想詩書之討論；林泉清晝，猶疑杖屨之追遊。痛逝者之如斯，傷譖人之已甚。雖有志者不忘在溝壑之念，而殺人者寧不干陰陽之和！爲演真乘，冀消夙障。況法流浩浩，雅已洞於一源；而智目暉暉，詎復加于委翳。七十六年成夢幻，百千億佛作皈依。鑒此悃誠，永爲明證。謹疏。

○○○拜懺功德疏

西陵同志

心事青天白日，行藏野鶴孤雲。蚤現宰官身，游戲文章大守；晚棄人間世，皈依上乘如來。清畏人知，宦邸都無長物；塵隨緣斷，天涯獨寄萍踪。氣薄層霄，眼空四海。落筆千軍辟易，下帷萬卷兼收。潛心馨孔壁之藏，精乎意契；尚論執董狐之簡，鬼哭神號。抱用世之才，兼能出世；無成名之技，固自難名。持己太高，故當意者少；望人過重，致負心者多。涇渭分明，乏藏垢納汙之量；斗山卓絶，懷調高和寡之悲。剛方未免激昂，真實間成執着。善善惡惡，務必極其本懷；是是非非，畧不狥諸時好。以致招嫌觸忌，賈怨益讐。誰明公冶之非？孰辨臧倉之愬？冤霜六月，徧凋幽谷芳蘭；曉日重雲，不照覆盆棘木。鳳衰麟死，玉碎珠錘。在天道豈曰無知？非往因斷不至此。百年何醜好，到頭總是黄（梁）〔粱〕；人世幾冤親，覿面已成烏有。太虚無物，任他把火燒空；羣小流言，何異彎弓射影？試憶丁亥後種種悲歡喜怒，豈復留踪；即如《藏書》中代代勝敗興亡，竟歸何處？且生即有死，何必讒言；況施靡不還，秖成反中。若猶含冤積憾，較短争長，起心便是輪迴，片念轉生障礙。諒生平之學力，（踹）〔端〕不至斯；恐毫髮之差池，未免墮此。敬使慈悲懺法，俯垂憐憫，指真空之覺性，示不二之法門。苦海既離，愛河隨斷。冤冤霧釋，更無執對之愆；業業冰消，永謝閻浮之路。再祈錫類，推及群迷。大赦空鋛圍山中，湛恩溥恒河界裏。人道、鬼道、畜生道，道道皈依；胎生、卵生、濕化生，生生解脱。

○○○墓碑記

汪静峯

余與公安袁家兄弟皆嘗問道于卓吾老子。庚戌之春，余以關吏述職竣，中郎數偕同志梅掌科、蘇侍御招遊野寺，慨然懷古，中郎指脱骨在通州城外馬氏庄，恐孤墳荒草，日久且不可辨識，奈何！余曰：彼實輕去其鄉，依吾楚人不終以至于此，今誰爲慰此寂寞，正吾楚人所不得辭也。中郎任爲文以記之，余與二公任捐貲樹之碑。未幾，中郎長逝，則記亦余之所不得辭也。

按卓吾老子者，其鄉里世族并宦蹟生理，皆老子所敝屣棄之，人第知其爲卓吾老子云。老子好讀書，多所著述，有《焚書》《藏書》《説書》之屬行于世。而余以性不喜涉獵，亦莫得而詳焉。惟是相見因緣，言猶在耳，姑述而傳之，可想見老子之爲人。

余以歲己丑，初見老子于龍湖，時麻城二三友人俱在。老子〔突〕（秃）頭帶鬚而出，一舉手便就席。余曰：「今仕習多任放，先生將廣教化于此，何不以戒律倡之？」老子曰：「何譽諸君子之過也。放之一字，恐諸君子承當不得。」復以手作箍形曰：「總跳不出。」余曰：「如先生者髮去鬚在，猶是剥落不盡。」老子曰：「吾寧有意剃落邪？去夏頭熱，吾手搔白髮，中蒸蒸出死人氣，穢不可當。偶見侍者方剃落，使試除之，除而快焉，遂以爲常。」復以手拂鬚曰：「此物不碍，故得存耳。」衆皆大笑而別。

又丙申歲，老子以劉司空之約至上黨，余亦以校士至，約相見于上黨之精舍。老子問余曰：「試士何題？」余曰：「誠意章。」老子曰：「毋欺之義，只不作小人掩著便是。近得周少司農書，自謂以言事觸衆，懼且見逐，得聖意優容，喜之不勝，此可與語不欺矣。若使他人道之，便費多少話説，遮掩宦情。」余曰：「周君幸素聞道。」老子曰：「雖然，恩愛太重，終當作兒孫之兒孫耳。」夜深，余請宗門下事，老子曰：「猶有數年不死，可再晤譚。」余曰：「先生末後一著如何？」老子曰：「吾當蒙利益于不知我者，得榮死詔獄，可以成就此生。」余意厭之。老子復大鼓掌曰：「那時名滿天下，快活快活。」余止勿寐語，夫安知其爲真實語也。

又辛丑歲，老子以馬侍御之約，至通州，而余適起官霸上，約相見于侍御之別業。老子以儒帽裹僧頭，迎揖如禮。余驚問曰：「何恭也？」老子曰：「吾鄉讀孔子書，實未心降。今觀于《易》，而始知不及也。敢不如其禮。」余少頃曰：「如先生往事，猶在是非窠窋中。」老子曰：「此非我事，乃人道中事耳。有手在，安得人打不打；有口在，安得人罵不罵？」余笑曰：「依然卓吾老子也。」時紫栢老人在戒壇，余意欲爲二老者作小西天主人，旁觀宗門下事。而忽有河上之役，行矣。行而念老子不寘，復過辭于侍御之別業。老子愴然曰：「願以紙筆來，爲公書《證道歌》一副，異日見書如見我也。」余亦愴然不能應，徐曰：「將作鹽梅于鄉黨，迎先生歸龍湖。」老子曰：「吾百年之計在盤山矣。」别後，老子竟遭惡口，被逮至禁衛，蒙主恩不殺，而老子自殺以實其言。余時急胼胝，不得詳聞。第聞人稱侍御甚盛德，不舍老子于患難中，使生有養而死有葬也。孔子曰：吾見老子其猶龍乎。以余所見，卓吾老子亦殊異乎鳥飛魚躍獸走矣。碑不詳姓名，定知千歲而下考古者不疑有兩卓吾老子也。以偈贊之曰：

深藏若虛李伯陽，卓吾虛極匪深藏。老子誰能終不老，八萬劫也落空亡。信口信心兼信手，信手一刀出斷常。記得上黨夜中說，不會先機謂是狂。龍湖潞水共湯湯，大千世界任徜徉。老婆心切葛藤長，《焚書》不焚《藏》不藏。但願還我《證道歌》，絶學無爲娑婆訶。

〇〇墓碑贊　梅長公

嘗讀先生《預約》，似百歲夜魂魄猶戀戀龍湖也。及讀《五死篇》，謂丈夫不得死知己，則當死不知己者以洩其恨，今乃有驗有不驗。嗚呼！　乾坤不毁，日月常新，千秋萬歲後拾此碑于冷烟衰草之間者，知其爲温陵長者之墓，尚茫然長思而一歎也。

李温陵外紀卷之一　終

李温陵外紀卷之二

答問彙

〇書永慶答問序

琊琊焦竑題

此編皆秃翁尋常情狀，被佘常吉、吴得常兩人等閒拈出，便如《傳燈》數則公案。蓋非秃翁不能道，非兩人亦不能述也。得常雉髮遠遊，未幾而殁；秃翁亦以壬寅化去，獨常吉在耳。讀之回憶疇昔，不任惘惘。惟常吉其益勉旃。令此意火傳無盡，則續佛慧命者，在常吉一身，雖謂秃翁爲不死可也。

〇〇永慶答問

佘永寧輯

萬曆戊戌仲夏，古歙佘永寧、吴世徵仝游白下，問學於楊復所先生。先生謂曰：「温陵李卓老，今之善知識也。現寓永慶寺中，曾相見否？」對曰：「久從書册想見，却未請見。」曰：「何不亟請見？」一友從傍曰：「聞其不肯與人説話。」先生曰：「就是不説話，見見也好。」又一友曰：「聞其常要駡人。」先生曰：「他豈輕易駡人，受得他駡的方好。」徵因問師見卓老有何印證。先生曰：「有甚麽印證？」徵又問師學與卓老同異。先生曰：「有甚麽同異？就是有不同處，也莫管他。」

寧、徽涓日偕洪石夫、汪震甫謁卓老，值李如真先生、李朱山先生及遠近諸友咸在。諸友或識或不識，皆不通姓字，不叙寒温。方坐，朱老誦卓老曰：「老先生肚裏是何等空空洞洞！」卓老隨大聲曰：「我方纔吃了兩碗粥，有甚麽空空洞洞？」坐定，一友問何以超生死。卓老遜朱老曰：「李老先生請説。」朱老又遜如老曰：「李老先生請説。」如老又復遜卓老曰：「還是李老先生請説。」坐有言者曰：「三位都是李老先生。」卓老囅然審顧曰：「正是。此之謂三有『禮』焉。」合坐皆失笑。其友尋復申請。卓老曰：「生死原是超的，你要出生死，便入生死了。」言已，復且彈扇，且申語曰：「生死原是超的，要出生死，便入生死。只是此處也要曉得，所以又不可不學。」坐中皆竦然。

一友因更端問養生之道。卓老曰：「養生讀主。」尋又曰：「養生讀主。」

因問李如老曰：「聞庖丁言得養生作如何會？」如老曰：「庖丁解牛善刀刀不損，至人遊世善生生不戕。」卓老默然。坐中有問薪盡火傳之旨者。如老曰：「世人只知焚薪得火，不知薪盡火傳，復焚薪，復得火，火無盡也。」卓老曰：「這等説來，輪迴生死，便了不得了。燒柴就有火，没有柴就没有火，拏柴燒又有火，無盡是無盡，却輪迴了。須要曉得，没有柴時，其火自在。如今當下都是火。」時楚中楊鳳里侍。卓老忽顧謂鳳里曰：「柴幾多一挑？」對曰：「四分。」卓老曰：「好買一挑來燒火。」鳳里未對。有頃，李如老、吴遠菴、徐及、無念上人相見，語卓老曰：「他道如何？」如老意屬余邑洪石夫陳對。石夫起曰：「上人昨所言大要云：聞見不好，該去了他。」卓老曰：「聞見也好，去他怎的？」因問如老曰：「此友那裏來的？」如老曰：「此歙友，特來問學的。」卓老曰：「歙縣人都會做大官，都會做大財主，只少會做大聖人的。如今也有問學的朋友，好！好！」如老乃具稱余郡大會及余輩季會事，曰：「徽歙自正、嘉間，請湛鄒諸老起會，至今六縣輪司，歲有常舉。今諸友又新立季會，即在坐諸君倡之，問學素已有人。」卓老曰：「呵，這等年年在那裏燒柴。」有一遠方友遽承曰：「纔蒙教，會得處處是火，何論燒柴不燒。柴已盡，大地都是紅爐。」卓老蹶然輒起曰：「請大家看火，我去去。」寧、徽躍然。二老及諸友坐候久之，汪鼎甫出曰：「老先生多拜上，不及奉送了。」

海陽程渾之三見卓老，未獲一言。一日與方訒菴先生同在坐，卓老嘿然久之，故兩自相語。訒老曰：「羅近溪先生當時接人，渾是一團生機。」渾之曰：「然。羅先生接引後學諄懇，真是大慈悲父。」卓老遽顧語曰：「若這等說來，我却没有。我只問你，你見我做甚麽？」渾之對曰：「覓佛。」曰：「佛在何處？」曰：「遍法界都是。」曰：「你是第幾尊？」曰：「我是第一尊。」曰：「既遍法界都是佛，那見你是第一尊？」渾之起曰：「都是第一尊。」卓老曰：「有甚麽第一尊？」

一友言曰：「佛教實有益于人世，而士大夫每多闢之，何也？」卓老曰：「偏是戴紗帽頭巾人闢佛，却自違了平天冠的法律。高皇、成祖詔諭諸文，曾不着眼，只說能距佛老者，就是聖人之徒，這等真是爲下倍上的人。真聖人必敬佛，真聖人之徒必不闢佛。」

一友言：「修行之士，必要聚精鍊神？」卓老曰：「千生百劫，已被這精神虧得了不得，你還要聚他？」其友曰：「若不聚他，死後却不散了？」卓老曰：「人人死後精神都是聚的，那有散的？不但凡人受此虧，自古英雄豪傑及一切神明都是聚的，都是受虧，何曾散得？若是散了，到好。」

卓老早過世徽寓，〔謂〕寧、徽曰：「昨月夜看你不明白，今特看你，果然好箇學道根器，但未知壽年何如。時不待人，不可錯過。」

堂上壁間有卓老自書「事未至，先一着；事既至，後一着」兩句。一日徵問：「『事未至，先一着』，其義何如？」卓老曰：「我若曉得，便没有病了。徵有省。」

壁間又有「無事常如有事時隄防，有事常如無事時鎮静」之句。寧問：「『無事常如有事時提防』，怎麽提防？」卓老曰：「此我寫楊邃菴先生的閒話頭，没有甚麽緊要。」

良久復曰：「凡事也要提防。如出路人不論晴雨，必先備了雨傘；未上船，就要糴米買柴。這都是提防。吾人爲生死事大，也是這等提防。」

寧曰：「吾聞『父母未生前』一句，諸佛不能道，諸法王子不能演；末後一着，正我學者當求。所問提防之説，實爲此一大事，願請終教。」

卓老曰：「末後一着，即是『父母未生前』。你既爲此發心，從新安特來問學，聞有道者便禮，遇善知識便參，這就是提防了。」

隨顧徵問及一友人。徵對曰：「他如今一意信老先生念佛。」

卓老曰：「念佛一門，簡易直捷，信心念佛，臨終必定往生浄土，極穩實，極討便宜。這也是箇提防的法子。」

寧曰：「吾聞華嚴初住法門，能發菩提心，即往如來家，爲佛真子，故曰佛華嚴，非華嚴佛。如善財童子不爲自身求無上道，惟爲救護一切衆生，發阿耨多羅三藐三菩提心，勤參知識，學菩薩行，即當生成佛，何待臨終往生？」

卓老曰：「是信得佛。華嚴初住法門，發心即佛，乃是最上一乘，極好的事。只是那信不及的，就憑他遲些也不妨。」

寧又問：「有事常如無事時鎮静。」卓老曰：「如今一問一答，是有事？是無事？静不静？」寧豁然。

徵代震甫問曰：「形色，天性也。天性形色，既是合一，如何人在生時，眼能見物，死後雖有眼，便看不見，却不又是兩様了？」

卓老曰：「你莫痴！死後也是看得見的。若死了看不見，學道怎的！」良久曰：「軀殼終是箇宅子。」

李如老論及好名者，且曰：「名不可好。」

卓老曰：「好名何害？好名乃世間一件好事，真好名的那裏討？我看從古大聖人俱以名教率天下，曰名法，曰名理，曰名義，曰名節，種種名稱不一，無非所以引誘世人。若没有名，就難處了，何以教化得天下萬世？」

如老曰：「太上無名。」

卓老曰：「無名又自更好。無名乃天地之始，誰敢？」良久，回視諸友曰：「我纔説的是狂話，大家莫聽。我只重在名教上好。」

魯川曹先生見卓老已，李如老繼見，問纔見何人，卓老以答。如老曰：「此老與楊復老同是我近溪羅先師得力門人。」卓老曰：「是。若非近溪先生，安得二老？」尋復拍臺嘆曰：「近溪老先生真是箇大聖人，我最敬服，惜如今再没有追踪的。」

一友見，卓老問：「你要做聖人麽？」其友方辭遜，卓老曰：「聖人也没有異様。常人多是説空頭話的人，聖人只是箇不説空頭話的人。」友有省。

卓老時寓永慶伽藍殿，因記其門帖云：「少作書生，未見升堂入室；老爲廟祝，粗知掃地焚香。」

○書《柞林紀譚》

潘曾紘　吴世徵輯

雙髻峯雪頭陀，以三盲偈爲雲棲所印可。余嘗以卓老叩之，曰：「此禪門之縱横家，似之者拙，學之者死。」會家弟慧曉自武林歸，手《柞林紀譚》一篇示余，其所持論，雖散見卓吾諸書，而一時嬉笑怒罵，壁立萬仞之機鋒，如寫生照，更覺可喜。頭陀彈指讚歎：「不啻餓十日而享大牢也。」嗟嗟！法道之衰相現矣。睡菴先生云：「衲子禿似吾儕，舌似卓老，兩似而兩不似。顧影無儔，安得不以青蠅爲吊客邪！」小脩眼空甚，而拾其牙慧，隱其姓名，蓋恐小根狹器，以耳食而不以氣聽，不足與莊語耳。則小修之嬉笑怒罵，毋乃更甚于卓老乎！　初夏九日禪月樓漫題。

○○《柞林紀譚》

公安袁中道編

柞林叟，不知何許人，遍遊天下，至於郢中。常提一藍，醉游市上，語多顛狂。庚寅春，止于村落野廟，伯修時以余告寓家，入村共訪之。扣之，大奇人；再訪之，遂不知所在。予髣髴次其語，以傳于後。

伯修問聖凡同異之分。叟曰：「不必論聖凡同異，公且指何者爲聖，何者爲凡？」

予問：「叟遍遊天下，目中有何人？」叟笑曰：「我從來不見有一人，果然真正豪傑難得。縱有，也不是徹骨的好漢。」

予佇思少許，問曰：「古來如荆軻、田光之流如何？」叟張目曰：「是何等人，可容易説？古人真是愛身惜死，你看荆軻與魯勾踐博，少目攝之便去。本爲狹客，睚眦報讐，却乃如此怯懦，方知古人的心腸不同。我又且問諸公，只田光先生一死，爲着甚的？」中郎曰：「定不爲太子，疑或是圖一段好死耳。」叟曰：「這等説，却冤了田光先生。」予曰：「大段是激怒荆軻。」叟曰：「荆軻豈是不勇的人，何須激怒！古人這等去處，細不可當。只一死，燕太子之事定矣。光知荆軻之殺秦王，易於反掌，只愁他不爲人用，看得太子不在眼裏。光既已死，則荆軻安得不爲太子用，安得不爲太子死哉！若然，是獻圖揕胸，已豫定于田光斷氣之日了。其中柱天也，非人之所可逆睹也。然則光一死，而太子之願已遂，事已成。死有重于泰山者，非是之謂乎？予讀書到此，便爲墮淚。古人的頭好不容易擲，人知他極粗處，不知他極細處。」

伯修問曰：「後來如臨濟、德山之流，亦是此等人否？」曰：「正是此等人。公看是何等力量，何等骨頭。不論甚麽人，便大棍打來；不是大豪傑，無此舉動。」曰：「荆軻、田光之流，還須學道否？」曰：「荆軻、田光之流，我還要他學道，我却不要公學道。」伯修驚曰：「若是，學道無用矣。」曰：「真無用。」曰：「如是則流入生死去。」曰：「諸佛亦並不曾出生死外。」曰：「何以别于衆生？」曰：「有甚衆生？」

問六經。曰：「《易經》真是聖賢學脉，《書經》則史官文飾之書，《春秋》則一時褒貶之案。」

問管仲。曰：「他是太公一流人。」

問晏子。曰：「真好漢。伏莊公屍而哭，人自然不敢殺他。我説這等樣去處，真是孔子作不得的。」

問留侯。曰：「少年時椎秦皇帝博浪沙中，尋搜不見，一定是幻術。不然，躲在何處？凡天下學術決定破，若破，死必矣，都是險事，所以黄石公不准他。人人有箇活機括，取之無盡，用之不窮。」

問韓信。曰：「真可笑。蒯通説得極透徹，尚然不醒。渠解衣推食，爲着甚的，不過誘你作他奴才耳！這等豈可唤作恩，可稱呆狗！」

問杜甫。曰：「今人徒知杜甫詩之玅，不知甫是甚麽樣人。當甫從賊中奔行，在千辛萬苦，魂尚未定，甫得一官，救妻子之不暇，於時即薦岑参爲補闕，你看是何等心腸。如今人困窮投人，不知如何承人顔色。

當時甫漂零嚴武幕下，一日乘醉，忽然張目大言曰：『嚴挺之乃有此兒！』你看是何等氣岸！」予曰：「武當時生殺在手，假令因此言被殺，也無用。」曰：「渠當時也不暇計他殺與不殺，直是胸中豪氣不可忍耳，即殺也顧不得。」

問太史公何如人。曰：「天下大俠。當時李陵降虜，隴西之士皆耻出其門下，馬遷獨救之。非獨枯木寒灰，無勢位之可附，亦且負不忠不義之名，救之而無以自解于清議者也。無恩無名，而又有不可測之罪，而能挺然救之，此皆激于意氣，非後世矜重名義之流可比。」

問何心隱何如人。叟張目曰：「這樣人，甚麽人？好輕易！」予方吐痰，叟笑曰：「渠吐一口痰，也是自家的。」

予問：「夏侯太初臨刑神色不變，于此道有少分否？」曰：「不相干。只是一箇有力量人。我昔於法場見有四人同斬，有兩人恬然不以爲意也。只是聰明伶俐人，見得決定是死，啼哭無益。凡聰明伶俐有力量人，遇事都能一眼見到底，也有趣。」

叟謂伯修曰：「公如何只在枝葉上求明白？縱枝葉上十分明白，也只是枝葉。」

伯脩問：「學道必須要做豪杰否？」叟曰：「這等便是死路，不是活路。人人各有一段精彩。學既成章，自然是豪傑矣，豈定有豪傑可學邪！」

伯修退，予問曰：「學道還須要根器否？」曰：「如何不要。根器即骨頭也，有些骨頭者，方可學道。當時王陽明不知多少人在他門下，彼一見知其軟弱無用者，盡送與湛甘泉，且教之曰：『湛甘泉是大聖人，可去就學。』即甘泉亦自以爲推己，而不知陽明實撥去不堪種草之人尋好漢也。于時王龍溪少年任俠，日日在酒肆博場。王陽明偶見而異之，知其爲大乘法器。然龍溪極厭薄講良知者，絶不肯一會。陽明便日與門弟子陸博、投壺、飲酒。龍溪笑曰：『你們講學，酸腐之儒也，如何作此事？』答者曰：『我這裏日日是如此，即王老師在家亦然，豈有此酸腐之話！』龍溪便驚異，求見陽明。陽明一會龍溪，即納拜矣。陽明得此一人，便是見過于師，可以傳授，其餘皆土苴也，何用之有！」

伯修問：「學問的人畢竟要功業否？」叟曰：「治世的事，可以講求得的，有甚麽難。惟大學問乃是自己受用，非言語所能辨析也。」予問：「學問功業，是一是二？」曰：「豈可二？」曰：「世上亦有不學問而成功業者乎？」曰：「亦是天下事見得分數多。」曰：「亦有有學問而作不得功業者乎？」曰：「這箇却少。天下事只怕事理不通，既通矣，何難焉。」

叟問衆：「五祖戒是法眼嗣，有甚不得力，却出爲東坡？東坡到老也不得了，只講得幾句義理禪。向來面目已失却些子，况添了許多文字業，憂國憂民的業，後便不可知矣。予往抱病，思及此事，真好怕人。」

伯修問：「學道遂不怕生死否？」曰：「別人怕不怕不可知，我却怕。」伯脩曰：「怕亦有根器生定怕者，且道：「五祖戒不了在甚麽處？」衆不能答。予問：「畢竟不了在甚麽處？」叟曰：「這裏我亦不知。」如我從少年便怕放銃。不知怕生死之怕，與怕放銃之怕，是一是二？」叟曰：「怕從小從自，難道不是一樣？」伯修曰：「可見這膽氣也是生定，由不得人的。」曰：「然。」中郎曰：「不然。譬如三家村裏童子，見人便恐駭，及到鬧市，住了二三年，見人都不怕了。可見這膽氣，又是充拓得的。」叟笑曰：「人只是一箇見識，見識大了，膽自然大。」

伯脩問：「作大事業的人，須要殺身而不悔否？」曰：「古今大豪傑作事，都有箇着數，不是泛然的。」曰：「直如何心隱如何？」曰：「也死得脱輕易。安有大丈夫爲人所弄，如殺一鷄然。可恨！若王伯安則不然，你看是何等作用。」予問：「吾人作用，須是極細極周，乃可言作用否？」叟笑曰：「又有箇甚麽作用！

只如何心隱，死也不容怪他作用不紗。就如王伯安，劉瑾時幾死，龍場古廟幾死，逃入漁舟幾死，功成羣姦誣以反幾死。假如不幸而死，亦將咎作用之不妙乎！」

伯修問：「自己根性軟弱，不得自了，恐終無學道分。」叟曰：「公來得穩，所謂悟遂實悟，參遂實參。」伯修移几近曰：「畢竟要師指示一條路徑。」叟作色曰：「這等便齷齪不可當！」

叟問予曰：「你有幾分生死心？」予曰：「恰似全無。」叟大笑曰：「難道全無？閻羅王憑你這張嘴也説得去。只恐要你再來，由你不得。」

十五夜月色明，伯脩、以明、寄菴、中郎并予，坐於堂上飲酒。叟曰：「今日飲酒無以爲樂，請諸君各言生平像何人？」問伯脩，伯脩躊躇未定，已而曰：「余最愛蘇東坡，然也不似，庶幾白樂天乎！」問以明，以明曰：「莊周。」叟曰：「太高，公且説箇近似者。若莊周，則恐未知他落處。」問中郎，中郎曰：「我最愛竹林中人嵇康。」叟佇思曰：「也不甚像。」問予，予大笑曰：「我從來只愛齊人，家有一妻一妾，又終日覓得有酒肉。」叟曰：「你却有廉耻，不能爲此事。我看你最是謹慎周密，其風顛放浪，都是粧成，諸公莫要信他。」諸人皆拊掌大笑，予亦笑。

問寄菴，寄菴曰：「我最愛李太白。」頃之，叟曰：「諸公將我閒評何如？」伯脩曰：「李耳。」叟曰：「何可當也！」問予，予笑曰：「公即盗跖。」叟笑曰：「盗跖也不容易。予記昔在黄安，與諸人論學次，亦是如此閒評。有友人笑指予曰：『公即林道乾。』林道乾，大盗也。予數之曰：『不容易。渠昔在海上，横行各郡縣，人不敢問。直到家中官兵圍之，渠與衆人飲酒高會不顧，一夜遂失所在。彼其視朝廷大小官員，如一羣小兒，任其播弄，聽其出入，亦大膽矣！』」問中郎，中郎曰：「公似李膺。」問以明，以明曰：「公似叔孫通。」頃之，叟曰：「諸公試各相品題何如？」衆人曰：「善。」評伯脩，中郎曰：「似黄叔度。」龔寄菴忽從坐間言曰：「似管寧。」叟曰：「也有些像處。」評中郎。予曰：「風度神情，頗似蔡中郎。」伯脩曰：「似嵇叔夜。」評予，伯脩曰：「似曹子建。」中郎曰：「似謝靈運。」

叟總斷之曰：「伯脩量差似黄叔度，識差如管幼安。中郎似魯國男子，小脩之評都有些似，都不相似。其如劉禹錫乎？柳柳州乎？大段似柳柳州。柳州以柳易播，真好交情。然我只比得丰神畧同，亦不甚相似。」佇思良久曰：「我真無奈此齊人何！」已而拊掌曰：「我得之矣。極似君家袁彦道，一擲百萬也似，倚馬萬言也似。」

以明曰：「小修慷慨爲人，却有些俠氣。」叟曰：「是。只不是專爲俠的，凡我輩人這一點情，古今高人，箇箇有之；若無此一點情，便是禽獸。我昔因白下某子之言，過某地。所以過某地者，以既有豪傑可以依歸，終日聽高人議論度日，樂孰大焉。既到，語次，予曰：『山農無故爲人所陷，其情甚可憐也。』當時友人便不理會，便言他事以亂之。予退而頓足曰：『錯矣，予所因失之矣。』凡人若有一點爲人之情，到言及患難困苦處，畢竟動色。予一見此人決其無半毫朋情，卒如我所料。小修這些俠氣，乃古今豪傑所同有的。」予曰：「善。」

評以明，叟曰：「微似宋濂。」寄菴無評焉。叟又曰：「我骨氣也像李膺，然李膺事，我却有極不肯做的。」予曰：「古人所有者，我不必有；我所有者，古人未必有。大畧風神氣骨，微有相肖處耳。」叟曰：「善。」

倦久各退，時凉水映月，寒侵衣裳，漏可三鼓矣。問：「叟於釋迦、仲尼、老子三人何居。」曰：「釋迦不論智愚賢否，只要他了生死。老子則有無爲之學問矣。釋迦不可及矣，吾庶幾者其老子乎！」

叟問諸人：「學問還須大家講求。」予曰：「非不欲言，這裏却開口不得。」叟笑曰：「不見古來大禪師，悟後却閉了口。」叟曰：「學問須要有些真實受用，不然，只在道理上纏縛，如何了得。」

叟曰：「伯修《海螽編》説：『天命之謂性處儘好，如何却又這等纏縛。』」予曰：「當時都有箇見解，如謂這一段道理通得去，則可靠之以了生死。皆于人外求道，都無一毫受用。即有分解得明白處，皆從耳聞入，口傳入，文字語言入，與已有何相干！」叟曰：「然。正如一箇餅分開兩邊一樣。」

叟謂諸人曰：「生死事大，諸公既來，何以教我？」諸公各有所發明，請正于叟。叟曰：「未是地獄要人在。」予曰：「非有地獄可入也，有地獄安得不入？只當下無地獄，將安入？」叟曰：「這不是道理譚。」

伯脩問：「王心齋何如人？」叟曰：「也是一箇俠客，所以相傳一派爲波石，爲山農，爲心隱，各有殺身不悔之氣。波石爲左轄時，事不相干，挺然而出，遂以死，肉骨糜爛。山農以行船事，爲人所恨，非羅近溪救之，幾至以死，不但謫戍而已。心隱以言忤人，遂死于殺人媚人之手。蓋以心齋從來氣骨高邁，亢不懼禍，奮不顧身，故其兒孫都如此，所謂龍生龍子，果然非虛。心齋極善啟發，逼波石過溝，波石不得已跳過之。曰：『即此便是。』波石大豁。」

「耿楚倥少不識字，後有志學，遂從黄陂方湛一游。方倨甚，廝役皆門徒。每出，則楚倥步隨之四五十里、百餘里。楚倥素有性氣，兼膏粱子，但爲生死事大，不敢辭苦。如此二三年。每問方生死事，方漫應曰：『又通商量。』方實不知也。楚倥遂棄之，往游白下，路遇徐魯源，覺其語氣斬截，即從之。未幾，復至白下，予問其再來白下之故。楚倥曰：『不是一箇箇體。』楚倥在外多年，會乃兄楚侗，詢之，一哭幾絶。自是之後，更不復商量學問。楚倥極聰明，極力量，惜歇乎太早。往予在白下會楚倥，予發揮自已學問，縷縷不絶。楚倥偃卧床上不聽，直到後曰：『公讀書，也知有自以爲是，而不可與入堯舜之道否？』予答之曰：『即不自以爲是，亦不可與入堯舜之道。』」

問：「叟曾會趙大洲先生否？」曰：「曾于京師城外一會，草草講數語。」予曰：「大洲語言當訬。」曰：

「大洲極有力量。記徐魯源與吴悟齋同送大洲，悟齋極口論道學。大洲曰：『公真好色。』徐魯源續言：『人愛世上聲色貨利，都不愛道，曾不知有大捨，有大取。』大洲持杯大言曰：『我進公一着，我這裏無取無捨。』」

問：「鄧豁渠《語録》説道理，覺得不甚活？」叟曰：「渠一生被第一機即第二機混了，恐後人復朦朧道去，故爾分析，將以掃第二即第一之窠臼也。其學問是真實學問，從萬死中得來。」曰：「比大洲如何？」曰：「大洲不同，鄧老一生是箇擔板人，所以學問也有些擔板，大洲却圓。當時翰林中也大奇，便有張太岳、高中玄、趙大洲三人，俱以豪傑同時用事。」伯修曰：「當時都不相能。」曰：「自古英雄相忌，都是如此。大洲與太岳不相干，獨高耳。高險，有難爲太岳處，所以太岳不得不爲讐。然要之太岳當權，所用者正是中玄之流，其不惡中玄，固可諒也。」

予曰：「當時相軋也無用。」曰：「黨同(代)〔伐〕異，亦是常情。」曰：「世上也有見得同不必同、異任其異者乎？」叟曰：「如王龍溪、羅近溪二人是也。這樣益發大不可言。當時又有胡清虚也是大有力漢，予初以爲任俠之流。及見龍溪公祭清虚文，方知其人已大了得，而托于羽衣者也。渠一宅在浮梁，一宅在杭州。浮梁則以曹給諫東川迎之講學，杭州亦以有人請講學故也。胡惟寧巡杭，廉得胡清虚狀，欲殺之，遂遣人收清虚。清虚發課曰：『日午當有救。』遂出城游，而曹東川適至杭，曰：『吾事濟矣。』東川見惟寧曰：『吾有老師在此，幸看顧。』曰：『何人？』曰：『胡清虚也。』曰：『吾方欲收之。』東川曰：『豈有此理？乃吾生平北面之師也。』胡頷之。東川出，語清虚曰：『君事無恙矣。』清虚曰：『我不惟要他不殺我，我還要他拜我。』東川大異之，曰：『胡惟寧獰惡，他如何肯拜你？』清虚曰：『惟寧有一病極奇，惟我能治。』東川見惟寧，詢之，果得一病不可療。東川道及清虚能治此病。惟寧大喜，邀清虚相會，且求治病。清虚出具藥，且作書，語真乞藥人曰：『可先喫藥，後看書。』惟寧服藥，少頃，拆其書看之，皆歷數惟寧姦惡幾百餘條。惟寧大怒，曰：

『此必毒藥也。』取冷水解之，一吐出蟲百餘條，病良已。惟寧大喜，始知清虚之玅，特請清虚坐受四拜，自是始爲相知矣。楚倥曾訪之於杭，言其宫室幾如帝王之居，姬妾數十人。每呼茶，則外擊雲板，内應之，凡雲板十餘聲始息。茶出，從内而外，雲板聲亦如之，處家嚴肅不可言。清虚蓋天下大俠云。」

問：「王龍溪、羅近溪爲宰相若何？」曰：「龍溪爲相不消説，近溪只可作首相，不可作次相。何也？近溪爲首相，不吝功名富貴，好高官者與之高官，彼操其權，自有可觀。若作次相，則動轉不得自由，便爾弄風作顛矣。近溪外面極熱，心却冷；我外面極冷，心却熱。近溪與物無忤，不論高低賢愚，皆與講老婆舌，此處極熱。然播弄世人，調笑羣儒，以一世爲戲場，以學問爲弄具，言不由衷，多可少怪，此處却冷。我性不喜流俗人，見流俗人避之惟恐不早，此處却冷。然我遇可人，吐心傾膽，實實以豪傑待他，此處却熱。」

問：「羅近溪如此調笑世上人，何意？」叟曰：「渠是爲己的學問，不求一人知的。凡古人學問，無不爲己。」

中郎論人不宜太畏事。伯修曰：「不畏事，必僨事。」予曰：「畏事非不是。譬如行舟，風波宜畏。如風恬波静，却又四顧躊躕，恐有覆舟之厄，則終身無登舟之日矣。譬如走馬，疾坂危橋宜畏；如平地康莊，又愁馬蹶，則終身無走馬之日矣。」叟曰：「也是。只天下學問非一途，古今豪傑也有終身畏而不用的。」伯修笑曰：「這樣人也好。」叟曰：「此天下第一等有筋骨人，這樣人很不可言，如李耳之流是也。」

叟坐謂予曰：「此去荆州千有二百里，太遠矣，安得朝夕相與商確，樂忘死邪！」予曰：「也不甚遠。昔嘉魚李氏訪白沙于海上，凡三度，凡四五千里。假令如此之遠，又將奈何！」曰：「李氏亦是白沙得意門生。」曰：「學問何如？」曰：「好名的人。」曰：「好名也好。」曰：「學道可好名乎？」曰：「若學道，真用他不着。」

伯脩問：「《水滸》諸人殺人取財事皆可爲，只不許好色，何也？」曰：「我説一件近事與公聽。昔胡惟寧備倭海上，倭寇汪五峯跋扈非常，有義子二人，皆萬人敵。朝廷不得已招安之。五峯每與兩臺讌會，此二人不離左右。惟寧患之，命人選得絶色吴姬二人，豢養之，所欲無不給，飲食皆自獻，每出必拜。一日，五峯同義子來集。酒間惟寧謂之曰：『公等甚樂，天下好女子皆可力得。如我輩拘守一官，遂無此事，可爲恨恨。』五峯曰：『老大人豈無姬妾邪？』惟寧曰：『即有，不能得好者，有兩人稍可奉一觴。』即令呼二人出，皆姿容絶世，婉麗非常。五峰曰：『吾在海上未曾見此絶色。』惟寧間出視事，二姬趨就之，婉轉伺奉，五峯并二人皆心動。無何，惟寧入，覺五峯有眷戀之意，大咲曰：『公有意此二姬邪？』即命左右舁送營中。五峯辭謝，惟寧笑曰：『大丈夫何所不可，公勿辭也。』五峯大喜，擁二姬以歸。一日峯出飲酒，歸見二姬相視號泣，衣環斷裂。五峯驚問其故，二姬曰：『你好義子，纔得翁出門，即來相逼求姦，二人不從，至裂衣斷環而去。』五峯方醉，大怒，即時呼二人斬之。是夜兩姬遂殺五峯。惟寧聞之，傳令舁二姬至軍門，勿驚恐。已至門，未即見。有總兵官某者，見即挾佩刀殺之。惟寧聞之大怒，令殺總兵。總兵曰：『願見老爺一言而死。』惟寧許之。謂惟寧曰：『老大人不見汪五峰子？且見二姬有絶世之姿容，又有如此之功業，大人將何以處之，恐禍大人不小矣。』惟寧大笑，立釋之，即此便是《水滸傳》諸人不許好色之意也。」

予問叟曰：「請老師指示，某爲何如人？」曰：「好！」曰：「也有病處。」曰：「病處即是你好處，人無病，即是死物。」

問俠。叟曰：「今人都不識俠。俠，從人從夾，爲可以夾持人也。如千萬人在危急之中，得此一人即安，失此一人即危，人人可以憑藉之，方謂之俠。今人不識俠，轉以擊劍報讐爲俠，則可咲甚矣。」

問：「少年中有可語言者否？」曰：「近日耿克明，論其氣骨，是張太岳之流。然太嶽之肆意縱横，克明却不及。克明不喜會人，尤不喜會道學人，然羅近溪來却喜會。近溪一見便曰：『你如何教你做聖人也不肯做？』克明曰：『做聖人有甚麼好處？』」

問程伯子何如人。曰：「渠學問從周茂叔來，周茂叔從陳希夷來。」曰：「於生死何如？」曰：「此一流人，終不乾净，止比儒門諸人説得通耳。其實與自己畧無干涉。」

問：「莊子《秋水》《漁父》，似非後人附入？」叟曰：「公謂秦、漢間便無好文字乎？《内篇》真莊子筆，《外篇》則有蹊徑矣。你看莊子説『逍遥遊』便説大，大而後逍遥，所以不大者以物論不齊也。物論之所以不齊者，以不識主故也。識『養生主』則可以遊戲於『人間世』矣。以舍『人間世』無學問也。自是學問有真實受用，而『德充符』矣，如是，固可以爲『大宗師』爲『應帝王』矣，真非聖人不能爲此語。若《外篇》，則意見熾然，儘有檜板處矣。」

伯脩問：「《莊子》『知止其所不知，至矣』，如何？」曰：「知是虚幻，虚幻自可止。譬如宿鳥，止于枝上，不止枝外。」

問：「『隨其成心而師之』義何如？」曰：「當由『成』字不明白，人只受了成的。」

叟曰：「國朝李獻吉真是高人，即臨死求救，也與人不同。時左右强迫方肯書，書不過曰『德涵救我』四字而已。」

李温陵外紀卷之二終

李温陵外紀卷之三

雜録彙

○○書宏甫高尚册後

焦氏筆乘

天台楊子曰：「吾讀劉君《高尚》諸篇，而益信宏甫之不可知也。」

或曰：「宏甫隱於禪者也。夫宏甫年已五十四矣。自三十登仕，歷七任而至郡守，辛苦跋涉，以至若斯之年，亦既倦而後去耳。使其先四歲而死，亦已不稱夭矣。幸而不死，而又博高尚之名以去。不爲宏甫氏其終不去乎？且高尚之名，非有道之所處也。仲尼嘗比之匏瓜之固矣。曾謂宏甫而不聞之乎？夫大道無高，有高則有過，至人無尚，有尚則有累。渠既深于是，而猶以過自累也，安在其爲知道歟？」噫！是非或人所知也。夫宏甫非高尚之士也，而未始非高尚之士也。而與以高尚之名，則受之矣。且天下之物，亦無一而非累也。苟不以物累心，則終身役一官，雖三黜之而不去可也。及其所之既倦，則或四五十，或六七十，辭而去之可也。與之名當其實可也，與之實而不當，亦無不可者。若慕高尚之名而後去，去矣，而又嫌于有其名，皆累也。子何區區於名實之間，揣量而校度之，而欲以議至人之出處，不亦左與？

且吾聞宏甫氏嬾散，不事生産作業，而兢兢一郡，唯恐後時。譬則細人之理其家，然不爲千歲之計不止也。凡一切備禦經久之費，靡不日新，而孰知其日暮决去哉。雖宏甫自以决去語人，人且不信。雖其家之人，亦必待既去而後信之耳。而或者欲以是而知宏甫，胡可得矣。然則孰從而名之？曰：「此侍御劉公意也。」劉公以爲欲以風於世，故借其去而以是名之云耳。雖然，宏甫氏若非今侍御，則亦終莫之名矣。

宏甫爲人，一錢之入不妄，而或以千金與人，如棄草芥。一飯之恩亦報，而或與人千金，言謝則恥之。見一切可喜人，無有不當其心者，而不必合于己。己不能酒，而喜酒人；己不能詩，而喜詩人；己不能文，而喜文人；己不捷捷能言，而喜能言之人；己不便鞍馬，而喜馳騁；己不好弄，而喜敵道；己不好鬬，而喜徘徊古戰場；己不好殺，而喜商君、吴起、韓非之書；己不愛紛華，而喜郭汾陽窮奢極欲，以身係國家之安危；己不欲以谿刻自處，而喜於陵仲子辭三公爲人灌園。獨不喜遜牀循牆，終日百拜傴僂以爲恭者，以故常不悦于世俗之人。俗之所愛，因而醜之；俗之所憎，因而求之；俗之所踈，因而親之；俗之所親，因而踈之。有時長貧，雖必不得已，已也，故終身不肯假借於人；有時暫富，雖必可已，不已也，故終其身無一錢之積。平生未嘗召客，人召之酒則赴；平生不禮貴人，貴人饋之則受。以故雖不悦於人，而終不見害於人，以宏甫與世無争故也。

獨設三科度世，最得祖意。見上士則誇而肆之，冀其或我知也；見中士則櫝而藏之，以待其自知也；見下士則時發而後謹閉之，恐其不知而恣疑謗無益也。以此終其身，交遊遍天下，無知宏甫者。知宏甫者，疑莫如侍御，故宏甫與我言，并出此相示云。噫嘻！若侍御知宏甫，則可以傳矣。

○○爲僧明玉書法語

周友山

萬壽寺僧明玉，事温陵李長者日久矣。長者本爲出世故來此，然世人方履人間世，日夜整頓人世事尚無休時，而暇求出世之旨以事出世之人乎？雖出家兒猶然，何况在家者！且長者性方行獨，身世孤單，生平不愛見俗人，聞俗語，以故身世益孤。唯愛讀書。讀書每見古忠臣烈士，輒自感慨流涕，故亦時時喜聞人世忠義事。不但以出世故來見長者，長者方喜之；若或有以真正的實忠義事來告，長者亦無不喜也。是故明玉和尚喜以興福寺開山第一祖無用事告長者云：「興福寺，古刹也。無用，方僧也。無用遊方來至其寺，憫寺僧之衰殘，念居民之侵害，持竹連鎗結果一十七條性命，然後走縣自明，詣獄請死。縣令憐之，欲爲出脱。無用不從，遂即自刎。寺僧感其至性，能以身護法，以死衛衆，遂以此僧爲開山第一祖。至今直寺者守其規程，不敢少犯。」長者聞之，歡喜無量，叫明玉而言曰：「爾莫輕易説此僧也。此僧若在家，即真孝子矣；若在國，則真忠臣矣；若在朋友，則真義士矣；若肯學道參禪，則真出世丈夫，爲天人師佛矣。可輕易也耶！蓋天地間只有此一副真骨頭耳。不問在世出世，但有此，百事無不成辦也。」

明玉之告長者，并長者之語明玉如此。今年春，明玉爲興福寺直歲僧來求法語于余，余因以得聞長者之語，遂語明玉曰：「即此是法語矣，又何求乎？苟直歲僧聞此語，則能念祖德也，繼繼繩繩，山門不墜矣。苟合寺僧聞此語，則毋忘祖功也，歲歲年年，規程一如矣。况因此得聞長者之風，頓明出世人事乎？明玉可即以此語登之于軸，懸之于直寺方丈之室，庶幾合寺僧衆，雲游道侶，過而讀焉。或有真正骨頭者，急來報我，我將携以見長者，俾長者不至孤單也。」

周侍郎思敬，號友山，江陵門下士也。與耿天臺相友善，天臺既忤新鄭家居，侍郎嘗爲江陵言之。穆廟改元，江陵以郎署起天臺田間，天臺遲遲不進。江陵嘗謂侍郎曰：「爲語耿天臺，當一出及吾在也。」侍郎顰蹙言曰：「天臺老矣，豈能婆娑郎署間，向諸少年作折腰態乎！休矣。」江陵頓足。頃之，遂改太僕少卿，天臺乃出。又鄒南臯劾奏江陵奪情非法事，江陵怒甚，欲斃之杖下。侍郎憂之，鋭意爲鄒解圍，遂入見，徐請江陵何怒，江陵語之故。侍郎笑曰：「豎子何足圖，一金吾校尉，多着氣力，豎子化爲烏有矣。天下事大此者凡幾，皆政府身肩之，奈何以天下之身，爲一豎子伐性乎？且天下將窺政府喜怒也。」江陵意解，鄒竟免死。太史公曰：談言微中，可以解紛，斯亦升沉生死之機已。

○書袁太史卷

焦弱侯

「道也者，不可須臾離也；可離非道也。」蓋上下四方，各有定位，之東則離西，之上則離下，此可離也；若無之而非我，無之而非道，惡能離諸？故以迷悟作輟言者，皆非也。詩云：「民之質矣，日用飲食。」夫日用飲食，又豈有作與輟哉？學者日用不知，不爲疑滯所隔，則爲聰明所亂，於是身在高堂廣廈中，日向他人尋覓住處，又如忘己之頭，狂走呼號，別求首領。古先生名爲可憐閔者莫大於此。嘗記惟心訣有言：「全體見前，猶希玅悟。從來具足，仍待功成。」倘知人人尋常日用，無時不見前，無人不具足，又何必鑽研故紙，强生支節？如蠶作繭，自苦自縛！袁先生空野獨步，如香象之絶鑄；高岸先登，歎小狐之未濟，時一過而存予，直大慈之用心也。於其還楚，漫書數言，以志別緒。亭州有卓吾先生在焉，試一往訊之，其有以開予也夫。

○○題楊復所先生語録

焦弱侯

嶺南復所楊先生倡道金陵，問學者履常滿户外。二三高足弟子有契於中，輒筆其語以傳，今載録中者是已。當是時，温陵李長者與先生狎，主道盟，然先生如和風甘雨，無人不親；長者如絶壁巉巖，無罅可入。二老同得法於盱江，而其風尚懸絶如此。余以爲未知學者，不可不見先生，不如此則信向靡從；既知學者，不可不見長者，不如此則情塵不盡。天生此兩人，激揚一大事於留都，非偶然也。令兩人往矣，常吉輩既刻長者《問答》，復以先生語屬余題其簡端。嗟乎，劍逝舟存，鴻飛（瓜）〔爪〕在，然覽之，知諸君信道之篤，與爲法之勤，安知無透脱情境者出於其間乎？余故不辭而書之，亦以見江南道德所在，未全寂寥也。

○書李長者批選《大慧集》

焦弱侯

李長者性嗜書，丹鉛殆不去手，儒書釋典，悉爲詮擇。近世盛行其書，假托者亦往往有之。余齋有《大慧全集》，乃其南來時所批選也。陳大來欲刻與學道者共之。余謂世所板行者，雅俗雜揉，孰若傳此爲人天之耳目乎？乃書此以更之。

○○《坡仙集》抄引

焦弱侯

古今之文，至東坡先生無餘能矣。引物連類，千轉萬變，而不可方物，即不可摹之狀與甚難顯之情，無不隨形立肖，躍然現前者，此千古一快也。獨其簡帙浩繁，部分叢雜，學者未覩其全，而妄以先入之言少之，故先生之文學者未盡讀，即讀而弗知其味猶弗讀也。卓吾先生乃詮擇什一，并爲點定，見者忻然傳誦，争先得之爲幸。大若李光弼一入汾陽之軍，而旌旗壁壘無不改色，此又一快也。向余於中秘見蘇集不減十餘種，欲手自排纘爲一編，未成而以罪廢。頃王太史宇泰，取見行全集與外集類次之以傳，而以書屬余，曰：「子其以卓翁本先付之梓人！」噫！學者讀此而有得，而益因以讀先生之全書，斯無負於兩先生耳。

○○李氏《藏書》序

焦弱侯

卓吾先生隱矣。而其人物之高，著述之富，如珠玉然。山暉川媚，有不得而自揜抑者，蓋聲名赫赫盈海內矣。或謂先生之爲人與其所爲書，疑信者往往相半，何居？余謂此兩者皆遥聞聲而相思，未見形而吠影者耳。先生高邁肅潔，如泰華崇嚴，不可昵近。聽其言泠泠然，塵土俱盡。而寔本人情，切物理，一一當實不虛。蓋一被其容接，未有不爽然自失者也。吾慨學者沈錮於俗流，而迷沿於聞見。於人之言，非其所耳熟不以信。先生程量今古，獨出胸臆，無所規放。聞者或河漢其言，無足多怪。

夫孔翠矜其華采，顧影自耀，人咸惜之，固矣。若蛟龍之興，雲雨雷電皆至，霆霹百里，即震驚者不無，而卒賴其用，豈區區露細巧媚世好而足哉！先生之言，何以異是！總之，衆人之疑，不勝賢豪者之信；疑者之恍忽，不勝信者之堅決。余知先生之書當必傳，久之，學者復耳熟於先生之書，且以爲衡鑑，且以爲蓍龜，余又知後之學者當無疑。雖然，此非先生之欲也。有能抉腸剔腎，盡翻窠臼，舉先生所是非者而是非之。斯先生忻然以爲旦暮遇之矣。書三種：一《藏書》、一《焚書》、一《説書》。《焚書》《説書》刻於亭州，今爲《藏書》刻於金陵，凡六十八卷。〔万历己亥秋日，琅琊焦竑书〕❶

❶ 见《澹园续集》附编一：佚文辑录。

◯《續藏書》序

焦弱侯

李宏甫《藏書》一編，余序而傳之久矣。而於國朝事未備，因取余家藏名公事跡緒正之，未就而之通州。久之，宏甫歿，遺書四出，學者争傳誦之。其實真贋相錯，非盡出其手也。歲己酉，眉源蘇公弔宏甫之墓，而訪其遺編於馬氏，于是《續藏書》始出。余鄉王君惟儼梓行之，而屬余引其簡端。

余謂前史有紀、有志、有列傳，其體乃具。宏甫前後二編，列傳獨詳，於紀若志缺如也。而列傳之中，又獨存其美者。昔楚史名《檮杌》，《春秋》則亂臣賊子之戒，每拳拳焉。豈宏甫意不及此耶？抑有所待耶？先聖學三代之禮，乃於周獨憲章之。恐後學者欲明習朝典，追蹤先哲，舍是編何之？余謂退可以修身而畜德，進可以尊主而庇民，謀王斷國之大端，班班具在，貴善學之而已。近代名卿稱黄材伯爲博古，鄭端簡、雷司空爲通今。藉令三復宏甫之〔三〕〔二〕編，其可與昔賢相頡頏也夫！〔辛亥秘石渠旧史焦竑題〕❶

◯◯《續藏書》序

李本寧

李卓吾先生没，而其遺書盛傳，有《説書》、有《藏書》、有《焚書》。《説書》以制義發孔、孟、曾、思之精蘊；《焚書》所雜著詩文，談經評史，大義微言；《藏書》始周末，迄胡元，筆削諸史，斷以己意。今所行《續藏書》則自明興及慶、曆諸臣列傳也。其目有功臣，有名臣。功臣有開國，有靖難；名臣有開國，有遜國，有靖難，有内閣，有勳封，有經濟，有清正，有理學，有忠節，有孝義，有文學，有郡縣。蓋王侯將相，士庶人，方外

❶ 见《澹园续集》附编一：佚文辑录。又见《续藏书》卷首，文后有建业焦弱侯甫撰。

緇黄，傭僕妾妓，無不載矣。名臣或有功，而功臣不必有名。抑或以功封而不書，或以傳附見其名，或名兩見而從其所重，或没未久而得傳，或負俗之議而爲分明之。秉權衡，破拘攣，微顯（閘）〔闡〕幽，標新領異，與《藏書》畧同。惟一於揚善不刺惡爲異耳。

本朝史職廢，列聖實録于臣下事不詳。而野史雜出，韋布之士不盡諳朝章，薦紳之倫不盡負史才，信耳者不審于時勢，見小者不關於大體，修詞者不當於故實。甚乃苛責深文，恣臆冥決，所好生羽毛，所憎成創疣。古人多聞闕疑與人不求備之意，泯滅澌盡矣。先生出入三朝，勤學好問，博古通今，所師友正人君子。故其甄別去取，若奇而正，若嚴而恕，若踈而覈！若朴而藻，可謂良史。昔者孔子作《春秋》，爲尊者諱，爲親者諱，爲賢者諱。是以所見異詞，所聞異詞，所傳聞異詞，而自許以文則史，事則齊桓、晉文，義則自取。先生書諸臣事，雖貴賤不同，在一時皆爲雄伯；録諸家文，非金匱石室之藏，則名卿碩儒之製。而其義無所因襲，無三諱，無三辭，儻亦知我罪我惟《春秋》之指乎？

先生嘗以道有升降，政由俗革，三王五帝不沿禮樂，即孔子之是非尚以爲不宜施之今日，况於他人！是書也，余謂必合三書並觀，而後得先生之心。得其心，恨先生不遇龍門蘭臺時，專力成一代史。不得其心，遂受禍等于班、馬。夫孔子且有罪我，况於先生！先生生平與（焳）〔焦〕太史揚扢爲多，而絶筆趙人馬侍御家。閩人蘇郡伯得之，金陵王維儼行之，新都江似孫校之。兩君雅意文獻，使名山之副流布人間，有功于李先生，庶幾楊子雲之桓譚矣。〔京山李维桢本寧父撰〕❶

❶ 见《续藏书》卷首。

〇書《道古録》首　　劉晉川

予西鄙之人也，拘守章句，不知性命爲何物。入楚期年，而暑患作，思親之念轉亟。欲息此念則不能，欲從此念亦不能，真令人徬徨無皈依處。

聞有李卓吾先生者，棄官與家，隱於龍湖。龍湖在麻城東，去會城稍遠，予雖欲與之會而不得。又聞有譏之者，予亦且信且疑之。然私心終以去官爲難，去家尤難，必自有道存焉。欲會之心未始置也。

會公安袁生（令）〔令〕吴令者，與之偕遊黄鵠磯，而棲托于二十里外之洪山寺，予就而往見焉。然後知其果有道者，雖棄髮蓋有爲也。嗟夫！此身若棄，又何有於家，何有於官乎？乃區區以形跡議之，以皮毛相之者，失之遠矣。嗣後或迎養别院，或偃息宦邸，朝夕談吐，始恨相識之晚云。兒相時亦在側，聞其言若有默契者。一時吾鄉趙新盤、王正吾參政楚藩，皆獲見其面；李克菴時撫三楚，亦獲讀其書。三公者遂皆信之，以爲真人矣。

别後宦遊燕趙，雖聞問不絶，而欲從末由。比者讀禮山中，草土餘息，懼有顛墜，特遣兒相就龍湖問業，先生欣然不遠千餘里與兒偕來。從此山中，歷秋至春，夜夜相對。猶子用健，復夜夜入室，質問《學》《庸》大義。蓋先生不喜紛雜，唯終日閉户讀書。每見其不釋手鈔寫，雖新學小生不能當其勤苦也。彼謗先生者，或未見先生耳；倘一見先生，即暴强亦投戈拜矣，又何忍謗，又何能謗之邪？

相與健等，既獲録其所聞之百二，予遂亟令梓行。雖先生之意，亦予意也，亦相與健等之同意也。

◯《孫子參同契》序

梅客生

兵猶禪也，極其用，海墨書而不盡；究其精，即一言不可得。古今兵法，亡慮數十百家，世所尊爲經者七，而首《孫子》。《孫子》之言曰：「奇正之變，不可勝窮也。」又曰：「微乎微乎，至於無形；神乎神乎，至於無聲。」合而言之，思過半矣。

余友禿翁先生，深於禪者也。于兵法獨取《孫子》，於註《孫子》者獨取魏武帝，而以餘六經附於各篇之後。註所未盡，悉以其意明之，可謂集兵家之大成，得《孫子》之神解。余在雲中始得讀之。雲中於兵，猶齊魯之於文學，其天性也。故爲廣其傳，使人知古今兵法盡於「七經」，而「七經」盡于《孫子》。若善讀之，則十三篇皆糟粕也，况其他乎？

余家居，與禿翁未數兒，兒亦未與深談，且不知有禪，亡論兵。及余在行間無與語者，思可共事無如禿翁。時禿翁寓楚，楚諸大夫正憂賊。禿翁曰：「毋憂，梅生往矣，是必能辦賊者。」夫余兩人者，未相與譚，而心相信，此其故。即使余兩人者言之，亦不可得也。

禿翁者，李贄，號卓吾子。

◯◯李卓吾先生遺書小序

新安佘永寧

余素仰慕卓吾先生，渴欲一見顔色，人傳先生善駡人，又不與人接談。顧余慕先生甚，雖善駡人，不與人接談，願一見也。及與友人吴得常謁先生，先生顧獨喜余二人，且蒙倒屣，且蒙枉駕，娓娓談不置。余竊怪與所聞相謬盭，前後受益先生者寵且侈，載在《永慶答問》中。踰五年先生没，世爭傳先生書，不啻貴洛陽紙也。夫世人嚴畏先生，故不安先生，而廣行先生教言，此非其真心不可磨滅者耶？

壬子秋，余尋諸友舊盟，奉澹園（焳）〔焦〕先生教，語及先生。（焳）〔焦〕先生因出先生遺書示余，書皆未經傳布者，余得書甚喜，亟讀之，如飲蘭露、餐松液，兩腋風生，又如銜霜雪之途獲透汗也，渾身融暢矣。是惡可以不傳？亟付陳大來氏壽之梓。梓成，余竊歎先生具千古之隻眼，覺一世之瞶瞶，嘻笑怒駡，無非佛事；樂説默然，無非法門。世人偷食視陰，奄奄如泉下人，宜爲先生（陲）〔唾〕駡。有能負出世志，堅立脚跟，宜爲先生嘉與，執着語言，葛藤不斷，則先生可以嘿。若相視而笑，莫逆于心，則先生可以語。讀先生遺書者，請各自觀省于上四者奚若，便自志意悚然，將奭然得解于言語文字之外，是爲親見先生面顔，親聆先生謦咳者。

○跋李氏遺書

袁小修

昔蘇子瞻爲人，性無忮害，樂道人善，宜無軋於世矣。而當時惡之者，直若甘心焉而無罪。其後萍飄嶺海，僅得生還。訊所以致禍之故，都不可解，豈亦命數適與之會歟？卓吾李先生，今之子瞻也，才與趣不及子瞻，而識力膽力，不啻過之，其性無忮害處，大約與子瞻等也。而晚年得禍亦幾不減子瞻。或云二公舌端筆端，真有足以觸世之大忌者。然歟，否歟？然子瞻生平所著作，自宿州符下之後，半入蛟宫，其臨池揮洒之餘，爲人藏于複壁者，猶不能保。直至宣和之世，上章道士指爲奎宿，然後直弛蘇文之禁。當卓吾子被逮後，稍稍禁錮其書，不數年後盛傳于世，若揭日月而行。則本朝之寬大，與士大夫之淳厚，其過宋朝也遠矣。諸刻之餘，其隨意游戲楮墨間，皆若龍一甲而鳳一毛，往往收藏于小友之篋，若夏道甫所貯種種，尚未經人耳目者，真可寶也。

道甫客西陵，與卓吾往來最久。此老以嗔爲佛事，少不受其訶斥者，而待道甫温然，若惟恐傷之，則道甫之爲人可知。蓋龍性雖不可馴，而見人一長，即抽揚不容自已。如予之粗踈，尚憐而以國士遇之，况道甫乎？昔子瞻集行，而巢元脩、王子立、子敏、藩邠老輩，皆得托以有聞于後世。如道甫能自致不朽者無論，若予之名姓，且將附此老諸刻以傳，則予亦不可謂不幸也。

○○題卓吾手書　　周海門

此卓吾老子與王鼎甫手筆一幅字耳，吾知其必傳。鼎甫試出此幅示人，當必有愛之者，尤必有惡之者，愛惡之者亦必極。夫使不令人愛，不令人惡，愛惡之又不極，何取于字，亦何以爲卓吾老子。惟其不但愛，而且惡，惡之且必極，所以爲卓吾老子之字。人情極則不可磨滅，是以吾知其必傳。世間字以愛傳者古來多矣，以惡傳者自卓吾老子始。雖然，凡此皆就識字人言耳，世有不識一字人，卓吾老子其如之何哉，其如卓吾老子何哉！鼎甫是識字人，是不識字人，於此參入，爲不辜負老子。

李温陵外紀卷之三終

李温陵外紀卷之四

箋牘類

○○與李卓老二首　　梅衡湘

佛高一尺，魔高一丈，昔人此言，只要人知有佛即有魔，如形之有影，聲之於響，必然不相離者。知其必然，便不因而生恐怖心，生退首心矣。世但有魔而不佛者，未有佛而不魔者，人患不佛耳，毋患魔也。不佛而魔，宜佛以消之；佛而魔，愈見其佛矣。佛左右有四天王八金剛，各執刀劍寶杵擁護，無非爲魔，終不若山鬼伎倆有限，老僧不答無窮也。自古英雄豪傑，欲建一功立一節，尚且屈恥忍辱，以就其事，况欲成此一段大事邪？

○○又　　梅衡湘

丘長儒書來云，翁有老態，令人茫然。禎之於翁，雖心尚之，而未交一言，何可老也。及問家人，殊不爾，又讀翁扇頭細書，乃知轉復精健耳。目病一月，未大愈，急索《焚書》讀之，笑語人曰：「如此老者，若與之有郤，只宜捧之蓮花座上，朝夕率大衆禮拜，以消折其福，不宜妄意挫抑，反增其聲價也。」

袁伯修

○○與李卓吾四首

忽得法語，助我精進不淺；又得讀近詩，至「白盡餘生髮，單存不老心」，「遠夢悲風送，秋懷落木吟」，使我婆娑起舞，泣數行下。近作妙至此乎？豈惟學道不可無年。沁水父子日與翁相聚，想得大饒益。焦漪園常相會，但未得商量此事。陶石簣爲人絶不俗，且趨向此事，極是真切，惜此時歸里，我輩失一益友耳。王衷白是一本色學道人。此外又有蕭玄圃、黄慎軒、顧開雍諸公，皆可謂素心友。因手教訊及故云。又諸兄曾論及一貫忠恕，生戲作時藝一篇，謹録一紙請正。二舍弟病瘧三月幾殆，今始愈，已改教矣。

袁伯修

○二

前得沁水書，即日作數字奉報，不知沁水人能乘便寄到雲中不？《孫武子註》，今日過一友齋中始得見之，匆匆僅讀得首一序。此等真文字，惟蘇長公有幾篇相近，餘亦未足方也。方同諸兄遊上方歸，纔釋馬箠，小休榻上，忽見案頭有翁書，展讀一過，快不可言。又得讀與焦弱侯書，又得讀《四海》《八物》，目力倦而神不肯休。今日又得讀《孫武子叙》，真可謂暴富乞兒也。

近日閑中，隨筆記所見所説，將百餘段，不能悉寫請教，聊抄數章，博一笑。二弟當在八九月間謁選。三弟在家，閉關作時義，前有書來，自云决中。然未知命數合中否？不佞讀他人文字覺懣懣，讀翁片言隻語，輒精神百倍，豈因宿世耳根慣熟乎？雲中信使不斷，幸以近日偶筆頻寄，不佞如白家老婢，能讀亦能解也。笑笑。

〇〇〇三　袁伯修

病瀉甚久，裁候甚踈，心則朝夕左右耳。晦昧爲空，「爲」字從來未有如此解者，未有如此直截透徹者。「爲」之一字，正是今古學道人銅枷銕鎖。一切聲聞緣覺，妄爲修証。古德訶其重厚昏沉，此是通身晦昧坐在「爲」字中者。即如入地菩薩，見性尚隔羅縠，是亦未能脱盡晦昧。蓋一分見處，便是他一分「爲」處；一分「爲」處，便是他一分晦昧處也。所以《楞嚴經》末段，由盡色陰方盡受陰，由盡受陰方盡想陰，由盡想陰方盡行陰，千般嶇崎正墮在識陰黑暗區宇裏。千「爲」萬「爲」，博得晦昧，則亦何益之有哉？顧安得翁廣長舌頭，圓通手腕，將此全經注釋一遍乎？第恐後温陵註行，前温陵註無處發賣耳。一笑，一笑。

雖然，晦昧爲空，此是古人禪病，非今人禪病也。以不肖所見，今世學人，其上者堆積一肚佛法，包裹沉重，還嫌禪學踈淺，鑽研故紙不休。此等人正是「爲」有，何曾「爲」空乎？又有一種，口裏説我學禪學道，其實昏昏兀兀，接客之暇，籌計家私，飽飯之後，算量資俸，三乘十二分教一字不看，一千七百則公案一語未聞。若此種人，晦昧則儘晦昧矣，但是晦昧爲有，不是晦昧爲空耳。茫茫宇宙，覓一晦昧爲空者且不易得，而况絶學無爲者哉？

今歲天氣不甚熱，雲中地高氣爽，清凉當更倍此。院署敞豁，想見居士擲拂，中丞緩帶，高談之狀，甚愉快也。家弟新刻，亦復翩翩自喜。前于一友人齋頭見之，待渠寄到時，當寄覽也。

〇四　袁伯修

不肖自入道以來，即省官職大小，兒孫有無，都是頭上天公掌管，原不費人纖毫氣力，所以四五年來頗是心閒。然既愛閒散，亦復不能愛苦擔勞，學道浮泛，亦本於此。今秋乃稍自奮迅，期將自今三十六年以後歲月，供養諸佛，決不以一知半解自安，或仗長者開示，有水到渠成之日，亦未可知。蓋不肖根鈍力弱，百不如人，持此一念，堅實長遠之心，庶幾將勤補拙。眼見同衙門同年同時皈依佛乘者，已被無常擒却一二人。此時雖欲不發願努力，亦不由我也。

不肖疎慵，交游極少，獨坐兀兀，又苦懶倦，尋得三四朋友，同辦此事。數日輒會，會時亦不説禪説道，惟以生死事大，無常迅速，自警警人，警省一番，精進一番，此近日功課也。會中諸友，有資性聰慧者，亦有發心真實者，大抵不能相兼。會稽陶石簣極可人，恨其人，體羸多病，不能受苦，今又歸家，離羣索居，不知此後精進，常得如往時否？

翁明年正七十，學道諸友共舉一帛爲賀。蓋翁年歲愈久，造詣轉玄，此可賀者一。多在世一日，則多爲世作一日津梁，此可賀者二。翁幸一笑而納之，勿孤諸公供養之心可也。

〇與李宏甫　袁中郎

作吴令亦頗簡易，但無奈奔走何耳。家弟爲梅大巡撫接去，聞兩人者甚相懽。弟來書云：「不數日當至吴，轉首即至湖上矣。」吴中無一人語及此者，幸床頭有《藏書》一部，愁可以破顔，病可以健脾，昏可以省眼。有便莫惜佳示。

〇〇二　袁中郎

小修帖來，知翁在棲霞，彼中有何人士可與語者？生在此甚閒適，得一意觀書。學中又有廿一史及古名人集可讀，窮官不須借書，尤是快事。近日最得意，無如批點歐、蘇二公文集。歐公文之佳無論，其詩如傾江倒海，直欲伯仲少陵，宇宙間自有此一種奇觀，但恨今人爲先入惡詩所障難，不能虛心盡讀耳。蘇公詩高古不如老杜，而超脱變怪過之，有天地來，一人而已。僕嘗謂六朝無詩，陶公有詩趣，謝公有詩料，餘子碌碌，無足觀者。至李、杜而詩道始大。韓、柳、元、白、歐，詩之聖也；蘇，詩之神也。彼謂宋不如唐者，觀場之見耳，豈真知詩爲何物哉？

〇〇三　　袁中郎

得丘長孺書，知翁結菴白下，聞之潘尚寶亦云。南中山水清佳，僕亦有卜居之志，俟轉部當即圖改。近日讀何書？有何得意事？乞見示。平生推服盱江，今得作對，當知慶幸之甚！南中有伴侣矣，若爲不南也！

〇〇四　　袁中郎

白下人來，云翁已去京，更不知住何地？有人云住通州。老年旅泊，未得所依，世界真無友朋與？何托足之無所也！世人學道日進，而僕日退，近益學作下下根行。孔子曰：「下學而上達。」棗栢曰：「其知彌高，其行彌下。」始知古德教人修行持戒，即是向上事。彼言性言心，言玄言妙者，皆虛見惑人，所謂驢厥馬椿者也。

今叢林中，如臨濟、雲門諸宗，皆已蕪没，獨牛山道場，自唐以來不壞。由此觀之，果孰偏而孰圓耶？《浄土決》愛看者多，然白業之本戒爲津梁，望翁之語言三昧，發明持戒因緣，僕當募刻流布，此救世之良藥，利生之首事也。幸勿以僕爲下劣而擯斥之。

○五　袁中郎

兩通書，侍者并無一秏，豈書皆不達耶？聞公結菴棲霞，棲霞木石俱佳，但面西，度夏苦熱耳。顧况詩云：「已是傷離客，仍逢靳尚祠。」尚，楚人也。公於楚中無緣，奈何復與此翁相對？天界去城稍近，中多閒地，何不卜居於此？宏稍轉即圖改南，與公閒話之期近矣。

○○與瞿太虚　袁中郎

宏甫曾相見否？不到廬山尋落處，象王鼻孔漫遼天。無盡居士若不踼番溺壺，恐終以兆率悦爲文章僧耳。

○○與劉晉川　陶石簣

望齡在京師時，從焦弱侯游，得聞卓吾先生之風，繼得其書畢習之，未嘗不心開目明，嘗恨不能操巾拂其側。繼聞其住武昌，有顯明其道而尊事之者，問之則老師也。此事非鐵心石肝不足擔荷，老師非其人耶？仰惟日夕咨承，道機圓熟，深切翹企，齡根器軟劣，偷心未忘，雖信慕頗堅，而參尋之力，覺屢爲世樂所移。近以病歸田間，益無朋友之助，志遂淪落。伏惟老師曲垂慈憫，少惠藥言。李先生或有新著，併希録示一二，開我迷悶，生成之恩也。

○二

陶石簣

荒度之餘，想河流漸就約束矣。金輪始言老師超悟穎絶，而兼以行業精純，豈勝翹仰。古之尊宿如永明、天如，士大夫若楊次公輩，皆心契一乘，而禮誦不倦，嚮往彌堅，此皆大心弘願，非沾沾於一知半解者，何幸於今日見之。且天倫父子之間有香火友朋之樂，所謂「大家團圞頭，共説無生話」，此世出世間最勝之事也。如某者輕心淺見，欲自强而不能，然自分畢志如此，此外無可攖心者矣。留京多口之地，不知卓師能安其居否？老師運何神力，令得駐錫江淮間，爲此一方作眼，生襄事後，庶亦可遂咨請之願也。

○與焦漪園

陶石簣

吴山人及楚僧至，再得手訊，慰慰。弟初意欲留無念至深秋同走白下，而來僧將卓老命甚嚴，且云，時下有小不安，旦夕便等相見，弟更無詞挽留，只得且聽其去。比方以小事過杭，本偕來爲湖山游耳，不意反送之行也。家君年來已衰甚，春初病作，醫者謂老人血氣弱，法宜補，補之增劇，勢殆不可爲。後以痰火治之，始稍稍平復。今眠食將如常時，但神氣未清耳。去歲郡縣以家君年逮八十爲白於撫按，將修存問故事。而當事者以弟家求懇失節，遂置之高閣。今又聞彼有好意，以此復爲是行，仰面看人，殊非所願也。卓老尊恙，想亦小小，西湖之游，固不敢望。但以丈力攀挽，得從容少時，不至遽還龍湖，則弟摳趍有日矣。若目下則老親尚在床席，勢萬萬不可耳。世上眼珠小，不能容人。况南京尤聲利之場，中間大儒老學，崇正闢異，以世教自任者尤多，恐安放卓老不下，丈須善爲之計。弟意牛頭、攝山諸處，去城稍遠，每處住幾時，意厭倦時，輒易一處，無令山神野鬼，得知踪跡，則卓老自然得安，或不遂興歸思也。弟僻處如井底，絶無好人説話，無念或可來，幸爲從臾事。

〇〇〇與周海門　陶石簣

數年請益，伏荷深慈，俯垂誘納，劣根小器，加以洪霪，時雖有傾仆汜溢之患，而染香行霧，漸被薰染，幸莫厚焉。瀕行復枉車從遠餞郡郭，不勝銘戴。入都困於趍謁，未就甦息，而旋有筆札之役。王事敦環，日不暇給，蓋平生未有之苦。欲以間隙勒一狀附布，而心力疲怠，不復可强，坐是久踈，罪何可言。

此間舊有學會，趙太常、黄宫庶、左柱史主之，王大行繼至，頗稱濟濟。而傍觀者指目爲異學，深見忌嫉，然不虞其禍乃發於卓老也。七十六歲衰病之身，重罹逮繫，煩冤自決，何痛如之！嗟嗟！儒者所宗尚，莫如程、朱二先生，而今所謂正宗者，即當時所攻爲僞學者也。古今談學者衆矣，其誰不僞之？然則貪名逐利敗度(圯)〔圮〕族者，乃利真乎？聞檇山先生入越，士類翕然嚮風，譬之禪宗，其臨濟之興化乎？弟時下謀歸甚亟，摳侍教席，當不在遠。須引剡溪水，細浣腸胃中舊聞，作不識一字俗人，以聽雅教也。

〇〇〇與何越觀　陶石簣

長至前後，氣候大段如春，此客行之利也。出關已旬餘，計可至淮陽間，平日不慣陸行，得無倦乎？近溪語録已寫出，共得八十葉，無一語不精妙，無一字不緊切，真人天之眼，賢聖之腮。我朝别無一事可與唐宋人争衡，所可跨跱其上者，惟此種學問，出於儒紳中，爲尤奇偉耳。若得梓行，甚是盛事。龍溪亦曾看出，或并二家，與趙大州、李卓老合作三册更妙。龍溪語知者或悶，卓老語不知者或瞋，若并刻，須擇其不悶不嗔者。乞與尊公商之，垂示，諸不一。

〇〇〇寄君奭弟　　陶石簣

卓老之學，似佛似魔，吾輩所不能定。而氣雄行潔，生平學道之志甚堅，要是世間奇特男子。行年七十六，死無一棺，而言者猶嘵嘵不已，似非專爲一人。卓老之不宜居通州，猶吾輩之不宜居官也。有逐我者，旦夕即行，無之亦當圖抽身之策。大約不出此歲，自顧身外之物已一無足戀，獨分内事又斷非鬧中所能了者。昨與六休書學道之坊於官，猶居官之坊於學，兩坊而兩無就，又不若專心勢利者猶有一成也。此語良不欺，弟當早晚待我於稽鏡之間耳。趙太常苦心既久，新有發明，大有自在處，俱非吾輩可望其塵影者。大行稱静虚所不獨如戒公作子瞻也。王大行直是生知安行之流，其於三學俱不習而利，恐前生自果位中來，見高於太常，雖非大徹，亦駸駸乎逼真矣。吾所苦心雜，非深居屏緣必不可，使有高官美譽，汩没十年，豈復堪料理耶。近日功夫雖不專一，而慚愧尅責之念頗真，視官之有無，覺不甚輕重於衷，正好趁熱下力也。

〇〇二　　陶石簣

此間諸人，日以攻禪逐僧爲風力名行，吾輩雖不掛名彈章，實在逐中矣。一二同志皆相約携手而去，吾意輒欲先發，而時入夏候，舟中暑毒，易生疾疫。老母在堂，識者僉云母重名輕，挨至秋凉，斷斷行矣。名場難入，青山白水，是吾故物，閉門二三年，打併此事，雖未必徹去，亦有所成，勝悠悠火宅中多矣。所惜者，諸友皆一時之雋，相聚無幾，輒復散去，勝緣難合，深足慨嘆！王性海已討差，慎軒杜門告病，皆半月内行矣。石梁太常洎墨池兵部，大約是秋間同發也。王、趙居處非遠，後會尚長，惟黄巴子一分袂便是隔世，可恨恨耳！性海真修真悟，與向來一派大遠，明歲渠約定至吴越，弟叩之自知也。

○○○三　陶石簣

儒者之闢佛久矣，最淺如昌黎者，深如明道者。既昌言闢之矣，即最深如陽明、龍溪之流，恐人之議其禪也而亦闢之，又何怪今之俗士哉！然必如明道而後許其闢，何者？以其名叛而實近也。如陽明、龍溪而後許其闢，何者？以其揚抑而陰扶也。使陽明不借言闢佛，則儒生輩斷斷無佛種矣，今之學佛者皆因良知二字誘之也。明道雖真闢佛，而儒者之學亦因此一變，其門人亦遂歸於佛矣。二先生者，真有功於佛者乎？吾輩只是無真參點識之力，不能一刀兩段決了罗網爲可愧恨，人言奚足惜耶！

黄貞父曰：陶子净寂如處女，清瘦如山澤，癯而靈活之機，流露眉宇。棲巖十七，簪笏十三，模楷人倫，而不爲標經緯當世而密其緒。臨歿無散亂，亦無奇特，啓手而翛然已矣。嗟乎，此所以爲陶子也。陶子號石簣，學者稱石簣先生，晚而號歇菴居士。

○與當道書　馬誠所

不佞弟爲世之疣，得天之間，放舟潞水，訪友楚山，蓋棲托談笑，密邇秉憲振鐸之地，業踰四十日往矣。吾友爲誰？李卓吾先生者是也。雖吾友，實我師也。樂聖人之道，詮聖人之經，若世所梓行《易因》及《道古録》諸書，真上足以闡羲、文、孔、孟之心傳，下足以紹周、邵、陳、王之嫡統者也。弟不遠三千里就而問《易》，辨惑解縛，聞所未聞，四十日間，受益無量。弟不至此，真虚過一生矣。

當事者逐游僧，毁淫寺，此閑道維風之事，當事者之心亦弟之心也。顧卓吾儒老，其托迹禪林，殆若古人之逃於酒，隱於釣；其寄居麻城，亦若李太白之流寓山東，邵堯夫、司馬君實之流寓洛陽。古人得遂其高於流寓，至令後人載之邑乘，以爲地重；繪之圖畫，以爲世榮。而卓吾不能安其身於麻城，聞檄被驅，狼狽以避。雖以黄堂四品大夫，大明律所謂以禮致仕與見任官同者，而地主獨不相容。雖以七十五歲風燭殘年，孔大聖人所謂老者安之，而顧毁其廬，逐其人，并撤其埋藏此一具老骨頭之塔，忍令死無葬所而不顧，此豈古今之勢異哉！緣麻城人以「異端惑世」目之，以「宣淫」誣之耳。

夫使誠惑世而宣淫也，天道不容，國法不貸，即殺此七十五歲老翁以正一方之風化，此正豪傑非常作用，弟且爲聖門護法慶矣，又何疑於驅逐乎。然而七十五歲老翁，旦暮且死，麻城人尚毫無憐老之心，攻之至再至三，曾不少置，此亦足以見此老之决不能惑世明矣。誠使足以惑世，而麻城之人果爲其所惑也，又何至羣起而攻之？夫麻城之人，未嘗不知此老之不能惑世，未嘗不知此老之不能宣淫，亦未嘗不憐此老之衰老，即有言語小嫌，亦未嘗不少忍，以待此老之死。然今日獨恝然爲此事者，其意不在此老也，昭昭著矣。彼蓋藉宣淫之名，以醜詆其一鄉顯貴之族，又藉逐僧毁寺之名，以實其宣淫之事。於是賄衆狂吠，若以爲公論公惡焉耳。此其機械誠深，而其用心亦太勞矣。當事者肩風化之責，聞之能不動意。然既以正風化而察人於衆惡之中，《易》稱不遠之復，所以修身，此亞聖大賢懿致，吾儕同臭應知此意味也。

聞年丈檄令縣學行查楊生定見。查則是非自明，邪正不枉，仰見虚懷朗識，洞燭此中人情矣。楊生篤志向道，雅爲劉晉老、焦漪老所敬重，其人可知。人言波及，蓋恐卓吾或匿於家，未曾遠避。夫楊生亦有身家之累，亦懼池魚之殃，非但不能匿，實不敢匿。且卓吾素行，不徑不竇，亦非肯私匿之人也。然則卓吾今何在？弟蓋奉之寓商城黄蘗山中耳。稍待春和，弟擬奉之入湖廣省城，市數椽之屋，貿數畝之田，吾二人耦耕談道，作武昌一對流寓，楚人應必親之招之，如堯夫洛陽小車之懽迎無疑也。且使諸當事親目見之，知卓吾之决非惑世，决非宣淫，决不謬爲聖人之徒，而弟之三千里從游，亦斷斷有所爲，决非海上逐臭之夫比矣。萬一卓吾惑世宣淫，有如人言，會城耳目廣衆，容易宣露，即聲其罪而討之，叱其人而逐之，更易易也。年丈以爲何如？幸教之。

〇〇〇又　　馬誠所

僞學之有禁也，非自今日始也。宋朝不禁朱元晦，世廟之朝不禁王陽明乎？卓吾生今之世，宜乎爲今之人，乃其心事不與今人同，行徑不與今人同，論議不與今人同，著作不與今人同。夫彼既自異於今之人矣，今之人其誰不以彼爲異爲頗。此固情所必至，勢有固然，無足怪者。夫既以彼爲異爲頗矣，則忌者誣之曰淫縱，便信以爲真淫縱。忌者誣之曰勾引，便信以爲真勾引。何也？其心誠疑之也。疑蛇則蛇，疑竊則竊，此亦情所必至，勢有固然，無足怪者。夫以七八十歲垂盡之人，加以淫縱勾引之行，不亦可笑之甚乎？且所謂麻城士女云者，蓋指梅衡湘守節之女言也。夫衡湘身冒矢石，爲國討賊，凛凛大節，是當今一個有數奇男子，乃有女不能制，有家不能正，有仇不能報，有耻不能雪，必待諸公爲伊抱不平，而慷慨陳言，代爲處分，世間曾有此理否？然則諸公自視何大，自待何有餘，而視梅衡湘何輕，待梅衡湘何淺，尠不足齒數一至此極也。蓋此事起於麻城士夫相傾，借僧尼宣淫名目，以醜詆衡湘家聲，因以敗壞衡湘之官，如斯而已。今麻城官京師者甚多，中間儘有是非不昧之人，可質問也。

夫評史與論學不同，《藏書》品論人物，不過一史斷耳，即有偏僻，何妨折衷。乃指以爲異爲邪，如此則尚論古人者，秪當尋行數墨，終身惟殘唾是嚥，不敢更置一喙耶。宋朝之僞元晦，爲其居敬窮理之説，另一門户，與前人知行先後之傳不同，故從而僞之也。卓吾先生乃陽明之嫡派兒孫也，行己雖枘鑿於世人，而學術實淵源於先正。平生未嘗自立一門户，自設一藩籬，自開一宗派，自創一科條，亦未嘗抗顔登壇，收一人爲門弟子。今李氏刊書遍滿長安，可覆按也。乃不摘其論學之語，商量同異，而顧括其評史之詞，判定邪正，何也？吾觀自來評史之異者，亦不少矣。秦檜千古奸臣也，丘仲深以爲再造於宋。太公望萬世大聖也，王元美以爲不及管仲。嚴光以一絲維漢九鼎，談節義者必首稱之，而我太祖高皇帝親灑宸翰，特爲著論，曰：「吾觀天下之罪人，罪人之大者，莫大乎嚴光。」噫，何其異也。夫太祖當干戈倥傯之時，而讀史能破拘攣，妙發心得，迥絶老生常談，此亦足以發明舊説之不必盡泥，不必盡同矣。惟不同所以爲《藏書》，惟宜藏而不藏，所以有今日之禁。嗚呼！《史記》早出，子長嬰禍。實録昭著，崔浩喪元。彼以本朝之事，而遇剛暴之君，宜乎不免。今《藏書》之所評者往事，卓吾之所遇者聖君。曾參殺人，慈母不免三至投抒，即聖君且奈卓吾何哉。所幸天理之公，常在人心，流言之沸，止於智者。惟大君子矜其孤老，哀其病困，霈然速賜完結，令卓吾早得生出都門，免致死於幽縶，其功德真難算譬矣。

○○與李麟野都諫轉上蕭司寇

馬誠所

李卓吾先生，不肖從游頗久，深知其人，大不似人言所云。人言出自麻城忌者之口，始以訛傳訛，既而訛遂爲真，即有人臚列其真以示之，亦復不信矣。始以一傳十，既而遍地皆傳。傳者自信爲輿論之公，而不知其大遠於情實。即有人詳揭其訛以解之，亦復不入矣。惟是流言止於智者，觀人決於素行。卓吾先生之素行，何如也？宦游二十餘年，一介不取，清標苦節，人所難堪，海内薦紳，誰不慕説。夫以如是人品，如是操履，而以踰閑蕩檢之事誣之，亦大不倫矣。至于著述，人各有見，豈能盡同，亦何必盡同。有同有異，正以見吾道之大，補前賢之缺，假使講學之家，一以盡同爲是，以不同爲非，則大舜無兩端之執，朱陸無同異之辨矣。先生有官棄官，有家棄家，有髪棄髪，蓋其天性孤峻，直行己志，老來任便，有何不可？世之人甘一官若飴，數日不近婦人若死，甚至塗抹鬚髮，外以求憐上官一日之容，内以取媚姬妾半刻之懽，習以成風，賢者不(兔)〔免〕。其視先生之素行，愧乎，不愧乎？而反以棄髮爲口實，何也？

先生之寓通州，非先生意也。不佞冒雪走三千里，訪之黄蘗山中，隨携而北以避楚難云耳。今先生七十六歲，形容憔悴，動履艱澁，病困垂絶，預草遺言，不佞見今營葬潞水之西，此通國人士所共見也。先生業已無意於人世，又何意於都門。乃過慮先生入都，而以勾引士女爲詞乎？無論勾引非所以論先生，都中士女果一七十六歲老醜病夫所能勾引否耶？先生聖人之徒也，三教聖人合一之旨，未嘗不精深之。然終日不膜拜，終夜不持咒，終年不念佛，終身不持齋，彼持齋念佛，若世所稱齋公然者，方以先生爲破戒律，視之若冤，而乃以爲誘之迷耶？吁！亦冤甚矣。

大明律致仕官與見任官同，先生致仕知府，所謂從大夫之後者，亦云尊貴矣。乃在湖廣則逐之，在通州則拿之，雖云奉旨從事，然含糊奏請，聖明不知也。堂堂天朝，濟濟高賢在列，而令一衰病廉二千石，遍天下無容身之地，乃世之貪污吏蒲載而歸，恣欲而行，彼不自以爲耻，人亦不以彼爲耻，甚至利其有而爲之納交，掩其醜而爲之延譽，或以境内人才薦，若以例應存問請，雖間爲有識者所鄙，有司者所駁，然踵而行之，恬不以爲怪也。豈貪者乃真孔氏家法，宜親宜近，而廉吏若先生，乃爲惑世誣民，應逐應拏應擬罪耶？然則良吏安可爲也！

海内傳先生刻書，若陜西刻《南詢録》，長蘆刻《龍溪集》，徽州刻《三教品》，濟寧刻《道學鈔》，永平刻《道古録》，山西刻《明燈録》，此皆素與先生不相識面之士夫，喜其書而樂梓之，先生不知也。又況書坊覓利之人，見其刊之護厚貲也，每竊得先生抄稿，無有不板行者矣。總計先生著述見刊傳四方者，不下數十百種。夫人之精神，豈有一生用之於著述至數十百種之多，而有淫縱不檢之行者乎？即無論先生高年，大凡少年有志讀書者，必不肯近婦人，少年喜近婦人者，必不肯讀書。既以著書爲先生罪，又以淫縱爲先生罪，既曰晚年削髮，又曰勾引婦女，不亦自相矛盾乎？此真可笑之甚矣。大抵今日之事，惟仰賴二祖八宗之靈，天地神明之靈，賢人君子之保護，元老大臣之曲全，固國體國脉所係，百世萬世所傳，確乎非一身一家之私議也。

○○○與太史黄毅菴黄慎軒都諫桂徵堂楊鳳麓白紹明楊盤石吏部王澹生　馬誠所

李卓吾先生今日之事，以名儒大賢爲邪士，以致仕耆碩爲流僧，以杜門謝客爲惑世，嗟嗟，天日在上，祖宗之靈在上，千百世聖賢之靈在上，億兆萬人之目在傍，賢人君子之口在萬世，此何爲者！李先生七十六歲，老矣，無論學問精確，行誼高潔，即以古希待盡之人，無子無孫，無家無僕，流落異方，卧病累月，喘息僅存，死期可計。質諸國家收孤養老之例，忍令其顛連困頓以死乎？且先生曾從四品大夫之後，苦節貞操，縉紳推重，亦何忍盡没其顯著之善，而乃過信其流謗之語，輒加之以不可解脱之罪。天地雖大，無處可容；心事雖明，無路可控。吁！此亦古今大異事也。

不佞某雖至愚極闇，然靈明一竅，未盡昏迷。其好正道而惡邪道，好與正人處而不好與邪士處，此情必不大遠於世人。脱如人言所云，不佞何故舍正道而趨邪道，舍正人而比邪士，此豈人情也哉！夫信耳不如信目，暫處不如久處，不佞於卓吾，目擊之而久處之者也。言者未見其人，又未習其素，駭而聽之，論列不亦宜乎？夫世人談因果，儒者論感應，即匹夫匹婦輕殺有報，況此老大賢乎！殺大聖賢以取天譴，智者不爲，仁者不忍。夫非獨殺之爲殺也，以衰病垂絶之身，當此挫辱折磨之苦，人非鐵石，能不立盡。不佞冒罪同來，爲收骸骨計耳。門下視聖明之朝宜有此舉否乎？能恝然視此老之死而不爲之一表白於當道之前乎？

〇與胡少白員外　　馬誠所

足下知今天下有李卓吾先生乎？亦知先生之被逮入都門乎？先生非今世之人也，宜其不免今世之口。足下乃今世之傑也，宜其見超今世之人。倘旨下司寇，借重貴司，足下抑何以處李先生？敬此問訊。

附答某道長啓呈覽。

〇與黄愼軒宮諭　　馬誠所

今日之事卓吾先生安然聽命，無他意，無他言，惟曰：「衰病老朽，死得甚奇，真得死所矣，如何不死？」日來嘔吐狼狽，便溺不通，病苦之極，唯願一棒了當爲快耳。弟此來原爲收骸骨，由今屈指計之，想亦不遠也。仲尼不爲已甚，蔡中山仲尼之徒也，倘相見，丈幸爲吾輩同志申謝。

〇〇與王憲葵儀部　　馬誠所

弟豈宜入都門者哉，冒罪而入，原以弟南詢卓老於楚之黄蘗山中，而躬親御之以北抵通州。既以假館授餐，又復朝夕聚首，觀劘箴規，受益無窮。夫延之於三千里之外，而棄之於四十里之内，義之所不敢出也。平居有相處之雅，而有急輒掉臂不顧，情之所不能忍也。既深受其益，明知其賢矣。偶見指摘，遂首鼠其詞，以自引避，此天地之所不容，而聖賢在天之靈所必殛無赦者也。弟非好事者，直是勢無所逃耳。今幸縉紳大夫見其衰老，大加矜憐，似無甚難爲之意。獨無奈此老之病困狼狽，勢不能生何耳。

嗟嗟，病死潞河，是病死也；病死都門，豈病死乎！　弟將何以爲心乎！　昨承存問，肅此代面，惟仁兄有以教之。

馬誠所

○○○與周礪齋司業

世間有二種人大乖人情之常，而其言語最不可聽。一曰病狂喪心之人，一曰痺痿不仁之人。病狂喪心之人，不知忌諱；痺痿不仁之人，不知痛癢。除是二等人外，雖庸愚凡劣之人，亦知有國法可畏，亦知有清議可畏，亦知有名檢可愛，亦知有功名可愛，誰肯舍正從邪，背衆人之論，而甘以其身冒不韙者哉！　門下視不肖何如？　以爲病狂喪心之人乎？　以爲痺痿不仁之人乎？　弟非病狂，弟非痺痿，其畏國法畏清議之心，當不後於衆人，其愛名檢愛功名之心，亦當不後於衆人，何所溺於異學而好之，何所慕於邪士而比之。今李氏刊書遍滿長安，具在也；其爲人之淫縱與否，蠱惑世人與否，望其貌而可知，訊其實而可辨，不難剖也。流言止於智者，彼麻城忌者之口安足憑哉！　且學術亦難言矣，同志同方之説，堂上堂下之喻，先正蓋詳哉其言之矣。以朱考亭之學，而當時指以爲僞，至著令取士必書曰不是僞學，禁何嚴也。以蘇子瞻之文而當時斥以爲非，至勅有司毁板，不許世人傳習，禁何酷也。久之論定，朱學大行，比於五經。而蘇文之盛，至家傳户誦，士人自童至老不能離。甚矣！　學術之難言也。蓋李先生所謂百世以俟聖人，而不惑之人也。顧可以俟百世之人，而不可以諧當世之人。夫既以不諧矣，其能免於今之世乎！　所媿弟德不加修，素無以取信於人，故薦紳君子因不信弟，而益以不信弟三千里遠迎之友，弟且當汗流羞死，又何敢開口談李先生之事乎！

○與王泰宇金吾

馬誠所

李卓吾，大賢也，當世有公論，異世有定評，不佞不敢贅。獨是此公以七十六歲之老人，兼以三月卧床之重病，氣息奄奄，一路昏迷者數四，此緹騎所共見也。倘入公署，定無生理。臺下爲國重臣，愛賢憐老，自其夙心。當此大權在握之日，肯垂方便曲全之慈，容令在廟候旨，免其入狴，無邊功德，士紳瞻仰。如有不虞，某雖不才，願以身代，萬萬不敢負臺下大造也。臨楮無任懇切。

○與王翼廷主事

馬誠所

惟聖知聖，惟賢知賢，以卓吾先生出世之人，而欲見知於世之人，此必不得之數矣。不知則疑，積疑成忌，積忌成憤，積憤成誣，積誣成參，參者自風聞之常，何足以爲卓吾先生損。獨是先生卧病三月，僅飴喘息，門板擡來，一路昏迷，連日粒米難進，嘔吐相繼，診脈變常，醫者縮手，死將至矣，無生望矣。聞旨且將下部，弟不惜不才之軀，願以身保候調理，查例未合，恐不見允。聞貴鄉南孚老適柄視獄之事，敢恃夙愛，預乞轉懇，倘蒙曲推慈悲，多多顧盼，令老病將盡之人，得生出獄門，即不能生出，而得稍延數日，亦仁人君子之用心也，其爲功德，何能比喻。

○○與楊淇園道長轉上沈相公

馬誠所

邇來都中縉紳多膜拜念佛，持數珠以爲功課，大非儒者之體，乃卓吾衰朽，適會其時而至通州。夫借一衰朽示懲，於以轉移都中風俗，當事者何愛而不爲焉？然非有死之之心也，以故政府憐其病而以密揭救，刑科念其耄，而以回藉請，意可知矣。今候旨不下，久繫金吾，夫以度日如年之病夫，丁此幽囚拂逆之苦境，其死也可立而待也。相公必惻然有所不忍矣。且卓吾七十六歲，孤子伶仃，萬里一身，即以庶人之老論之，正令甲所謂許給一丁侍養，并令有司收入養濟院中者也，乃從大夫之後。若卓吾者，獨令其老被逮繫，顛沛而死，相公必愴然有所不平矣。夫萬人一人也，萬心一心也，萬世一世也，相公不忍萬人萬世之心，亦必惻然有所不忍。相公不平萬人萬世之心，亦必愴然有所不平。且僞學之禁，從來有之，然第曰禁之云耳，未嘗死之也。今日卓吾之事，命下則生，不下則病日甚必死。夫其不得生出都門也，是卓吾之命也；其得生出都門也，則相公之仁也。倘蒙相公念其年老病篤，時刻難捱，速賜完結，幸甚，感甚。門下，相公之鄉後進也；尚寶公，相公之冢嗣也；倘相面，幸一轉懇之，無任跂望。

○○○答張又玄先生

馬誠所

刎頸而死，大是無賴，鄉黨自好者不爲，况卓吾先生乎？先生之刎死，蓋先生藏身之法也。老子曰：「知我者希，則我貴矣。」先生不欲見憐於世人，亦不欲見知於道人，以故頸下一刀，爲此掃迹滅名之事，令世人聞之笑且詬，道人聞之駭且疑。夫其不知於世人也，是先生所以超出于千萬刼之世人者也；其不知於道人也，是先生所以超出于千萬刼之道人者也。

辱手教有云：證而忘，忘而用，先生舉刀落處，人參不透。□覷不破，大威大力，大智大慧，大慈大悲，正所謂善用其證而忘之極也。惟忘故藏，惟藏故人莫得而知之，惟先生自知先生已耳。先生視死生平等，視死之逆順平等，視一死之後，人之疑信平等。且不刎於初繫病苦之日，而刎於病蘇之後；又不刎於事變初發聖怒叵測之日，而刎於群啄盡歇，事體漸平之後：此真不可思議。其偈有曰：「志士不忘在溝壑，勇士不忘喪其元。」先生故用此見成頭巾語，障却天下萬世人眼睛。具佛眼者，可令此老瞞過耶？故今日刎死之事，謂此老大無情識，不爲世人留下榜樣則可。若據其跡而比較之，曰佛祖如何，頭陀如何，所謂仁者自生分別，此卓吾先生所以藏身之固，而特然獨貴於法門□歟，不肖雖至愚極闇，然侍先生左右久，頗窺先生深，但未敢輕向人前吐露耳。

自回首後，縉紳緇白有向不肖驚怪者，不肖亦隨而驚怪之；有向不肖憐惜者，不肖亦隨而憐惜之；有向不肖猜疑者，不肖亦隨而猜疑之；有向不肖慨嘆者，不肖亦隨而慨嘆之：未嘗敢盡推藩籬剖心相示，何也？世人不可與莊語，徒增謗法無益耳。非借重長者自備道法，心印佛祖，一言九鼎，誰其信從。不肖謹薰沐奉謁於侍史前，肯否惟命。

◯答許繩齋　焦澹園

久不奉起居之問，承教賜遠至，甚爲感慰。金陵觸處可供眺聽，雖弟不出户庭，鍾山青溪，坐卧可對，偃仰泉臯，以慰閒暮，意味殆不減市朝時也。兄其無過念。李君持論不無過激，要其胸臆間語，故自足存。若其行如冰雪，尤弟所服膺。吾兄異日當自得之，悠悠之論，殊未足憑耳。茅山在句曲郭門，兄倘以事至，遺一力相聞，當與兄劇談於積金、華陽之間，亦一快也。

◯寄大來兄　焦澹園

卓老尺牘，見於刻行文集者什之三四耳。鄙意欲盡數檢出，稍擇其粹者，付之剞劂。不意長兒既逝，所收半已散軼，今其存者，遺往煩即梓行之，以俟識者之自擇，其亦可也。

○寄馬侍御　　汪本鈳

卓師一生求友，足跡幾遍天下，而竟死于先生之鄉。先生所謂恐其不得死于斯，葬于斯，而今果遂先生之願矣。先生之願，遂卓師之心，死千載而下唯知有二先生，豈小子鈳之所能窺測其萬一者哉。鈳以念老母而歸，原約復來見師，詎知一別再不得見，痛哉，痛哉，悔之晚矣，又何可令先生見也。近况何似，幸終教之。臨楮悵結，不盡欲言。

○○○寄上人書先師今葬于北通州馬氏迎福寺　　汪本鈳

我臨行時，先師還約我同到晉江，且結以生死事。及歸家見老母無恙，即欲走北京來伴先師，何一別不過幾日遽爾如此也。早知如此，我決不歸。當初只説無事，其勢必往晉江，少不得復走北同往。而今永不得見，常念之，肝膽割裂，何日可忘。相隨九載，不得一訣，視諸師父有深愧矣。

我今在家，只餘幾莖髮耳，其餘與諸師父一樣。自跟先師，久已不事家人生産，及到家則蕭然無資，孑然獨處，舉目無聊，有話也無説處。本爲老母故，别先師歸家，及歸家復不能養老母，徒負先師，不及訣别，欲死不得死，欲活不得活，欲讀書又讀不得進肚，在家之苦，莫甚于我。何如諸師，□家快活永如昔時，從先師一日之樂不可得也。私心切切，欲去通州到先師塔前一哭，隨守先師之塔。因思守塔有諸師父在，又有馬公大檀樾護焉，先師英爽可畏，決不容我此等厭苦求樂之人也。况有老母，能忍棄之乎？展轉圖維，勉就舉業，冀得升斗以養老母，俾老母安，然後敢遊通州。不然，則是先師豫約所云，無計治生，利其閒散，以成就吾之懶也，豈卓吾老子之徒哉！

夫諸師父生死相隨先師者也，我知决不他適矣，誰謂迎福故址非西方極樂世界乎？特恨我無福居之耳。其告文乞求到塔前讀一遍與先師聽，讀過即焚之。又將此書亦讀與先師聽，代我告先師曰：「汪本鈳實不知吾師也，待知吾師日，自然來迎福寺而守塔矣。」

李温陵外紀卷之四終

李温陵外紀卷之五

雜説彙

○龍湖　　袁伯修

龍湖一云龍潭，去麻城三十里。萬山瀑流，雷奔而下，與溪中石骨相觸，水力不勝石，激而爲潭。潭深十餘丈，望之深清，如有龍眠。而土之附石者，因而夤緣得存，突兀一拳，中央峙立。青樹紅閣，隱見其上，亦奇觀也。潭右爲李宏甫精舍，佛殿始落成，倚山臨水，每一縱目，則光、黄諸山，森然屏列，不知幾萬重。余本問法而來，初非有意山水，且謂麻城僻邑，當與孱陵、石首伯仲，不意其泉石幽奇至此也。癸巳五月五日記。

○○了徹人出語自別　　袁伯脩

李宏甫先生有《四書義》數十首，予最愛其《不得於言勿求于心不可》篇。後二股云：「心無時而不動，故言雖動，故言之動即心之動，初不待求之而後動也。既不待求而動矣，而又何惡于求邪？心無時而或動，而心不動，而又豈求之所能動也。既非求之所能動矣，而又何害於求邪？」看他徹的人，出語自別。

〇〇讀書不識字

焦氏筆乘

宏甫爲南比部郎，日聚友講學。寮友或謂之曰：「吾輩讀書，義理豈有不明，而事講乎？」宏甫曰：「君輩以高科登仕籍，豈不讀書，但苦未識字，須一講耳。」或怪問其故，宏甫曰：「《論語》《大學》，豈非君所嘗讀邪？然《論語》開卷便是一學字。《大學》開卷，便是大學二字。此三字，吾敢道諸君未識得，何也？此事須有證驗始可。如識《論語》中『學』字，便悦樂不愠，識『大學』二字，便定静安慮，今都未能，如何自負識得此字邪？」其人默然不能對。

〇與方子及論《易因》

東越證學録

方伯雨自陳初年讀《易》，深有所疑。看程朱傳義，似未足盡《易》之玅。因見卓吾長者，遂相論証成此《易因》。然謂之「因者」，啟其端而猶未盡也。先生曰：「兄只初時一疑，便是入道深根。卓吾『因』字之義甚玅，蓋欲借此易書，引兄窺自性之易，若只書上研窮，非究竟之意也。太極生兩儀，兩儀生四象，四象生八卦，八卦重爲六十四，六十四分爲三百八十四爻，則此爻詞又在太極下幾層矣。邵子謂畫前原有易要，見畫前之易如何理會爻象之詞。至文王、周公而始有要，見文王、周公之前爻象又如何理會，于此再起一疑情，方是究竟之因。蓋舍三百八十四爻而空言太極，固爲儱侗，若只在爻詞上尋究，而不知太極之根宗，殊失頭腦。大要須見得書即是心，爻象即見前用得着的方爲深于易，卓吾子『因』字之意其在此乎！」

○讀眉公《讀書鏡》　袁中郎

崔湜拜中書令，父以吏部尚書致仕，數爲請託以干湜，湜每不從，由是父子相失，大爲時論所嗤。郄愔忠于王室，而其子超有重名，黨桓温。愔疾温，而不知其子與之善。超將亡，以一箱書付門生曰：本欲焚之，恐翁年尊，必以傷愍致疾。吾死後，若損眠食，可呈此箱。愔後果哀悼，門人呈之，皆與桓往反密計。愔于是大怒曰：「小子死恨晚矣！」更不復哭。夫湜太平公主客也，超桓大司馬客也，二君立身草草，然一則宦情重故逆情於生前，一則名根輕故苦心于身後。今矯跡潔身藉亂命者，其將爲湜乎？爲超乎？居士曰：「卓吾《讀書樂》有云：『天幸生我大膽，凡昔人之所忻艷以爲賢者，予多以爲假，多以爲迂腐不才，而不切于用。其所鄙者棄者，唾且罵者，余皆的以爲可託國託家而託身也。』」余嘗讀之，以爲其言太過。及觀《讀書鏡》至此，乃知卓吾之文，千古之至言也。國朝紛紛著作，惟卓吾所著大快人心，眉公所著大裨世道，真可謂不朽盛事也。

○「第一」不可説　張元長

李卓吾《焚書》，載康崑崙琵琶，是天下第一等奇事；又載若無毋書，是天下第一篇文章；却又着「卓吾子曰」，便覺氣韻索然，議論酸腐。此老胸中壘塊，下筆無狀，其種種可喜可愕之談，載在他書者，且與天壤俱敝矣！乃獨見短於第一奇文奇事之下，何歟？蓋唯第一則不可說。所以夫子之道，游、夏不能贊一辭，此是游、夏不可及處。語稱佛頭上着糞，亦曰佛頭上不可有着，着則是糞耳。

陳眉公曰：吾友元長，名大復，貧不能享客而好客，不能買書而好讀異書，老不能狥世而好經世，蓋古者狷狹之流也。

〇〇詩畫　張元長

蘇子瞻云：「論畫以形似，見與兒童隣。作詩必此詩，定知非詩人。」楊用脩曰：「此語似偏。」晁以道補之云：「畫寫物外形，要物形不改。詩傳畫外意，貴有畫中態。」李宏甫又續之曰：「畫不徒寫形，正要形神在。詩不在畫外，正寫畫中態。」以道、用脩、宏甫皆聰明絶世，古今奇男子也，亦安心爲長公蛇足邪？姑録之，將使三家村學究咬牙提耳，日日爲學語小兒解説萬遍，則未必無小補云。

雜體詩彙

〇懷李姚安　方思善

聖人不克見，聖學日荆榛。寥寥千載後，師聖當何因。彼岸久未登，姚安識其津。一振士風變，再振民風醇。名教有妙用，何論越與秦？所以忠信士，蠻貊猶相親。况此邦域中，負版皆王臣。聞君返初服，吾亦遊無垠。微言共探討，乃在江之濱。嗟嗟行負俗，去去勿復陳。

〇〇贈別三首　焦弱侯

一落世網中，去家八九年。歸來齒髮凋，顧影凄自憐。人生無百歲，况乃多憂煎。違己詎非迷，負此區中緣。抱甕差自適，攤書聊息肩。矯矯巢居子，千古稱高賢。

○其二

倚杖在東菑，故人遠來顧。慇懃相勞苦，忼慷出情愫。爲陳離別來，五見歲華暮。日月東西馳，觸目舉非故。靈藥能駐顏，至人不可遇。決策往尋之，五嶽恣高步。

○○其三

君爲二千石，名爵豈不尊。一朝解印去，委之如浮雲。我貴物不羈，道在能解紛。千里倏命駕，訪我林中人。炎炎明所避，時棄轉相親。抱影守空廬，咄咄那足陳。

○○寄宏甫二首　　焦弱侯

歸田仍作客，散步自安禪。去我無千里，相違忽二年。夢醒江閣雨，心折楚雲天。寥落知音後，愁看伐木篇。

○其二

風雨穐偏急，懷人鬢欲絲。飄零違俗久，歲月著書遲。獨往真何事？重過會可期。白門遺址在，相爲理茅茨。

〇〇送劉審理還亭州兼簡宏甫二首　焦弱侯

送遠紆征轡，披襟得上標。路分燕市酒，帆度楚江潮。殘月明踈鬢，寒風急敝貂。鄒枚詞賦在，應有兔園招。

〇〇其二

故人棲遯久，翻訝尺書遲。日月空相憶，雲山不可期。雪殘江樹夜，鳥下晚鍾時。牢落還誰仗，因君但益悲。

〇蔣莊甫自滇過白下訪李長者而還賦贈　焦弱侯

萬里雲南路，遥遥負笈前。詎忘時偃曝，爲憶舊周旋。見面嗟予晚，論心覺爾賢。尋真勤跋涉，選勝且留連。點翰三春過，停杯片月懸。知應懷故國，莫舉《式微篇》。

〇〇書《讀書樂》後　袁石浦

龍湖老子手如鐵，信手評駁寫不輟。縱横圓轉輕古人，還也無筆儀無舌。一語能寒泉下膽，片言堪肉夜臺骨。我自別公苦寂寞，況聞病肺那忘却。忽有兩僧致公書，乃是手書《讀書樂》。自誇讀書老更强，膽氣精神不可當。歌笑無情有真樂，問公垂老何飛揚。詩既奇崛字遒絶，石走巖皴格力蒼。老骨稜稜精炯炯，對此恍如坐公傍。龍湖老子果希有，此詩此字應不朽。莫道世無賞音人，袁也寶之勝瓊珍。

○感憤四首

方時化

葉公好奇士，所居疑龍窟。繪龍四壁間，鱗甲森突兀。晝户恍雲飛，晴空如電掣。至精感龍㾑，龍騰掛天闕。垂頭葉公牖，乃喪葉公魄。吁嗟逐其似，其真令人齰。

其二

曠代得祥麟，不與萬族同。魯人事西狩，麟趾與之從。衆目驚所罕，云與不祥（逄）〔逢〕。戈矛翕相向，凛然生悲風。嚄唶角掎之，舉國傳形容。尼父泣掩袂，魯人猶自功。

○其三

干將天下奇，光芒那能翳？偶然動星文，千載發靈閟。無端獻張華，含光曾未試。風波一相失，化去安所寄。莫耶匣中泣，精感空懸契。延津何日合，徒悲人間繫。

○其四

層雲蔽白日，沉陰結中天。颷風亂行塵，四顧空茫然。吉甫豈不膚，伯奇豈不賢。搆患何所從，哀哀傷棄捐。青蠅營崇朝，白璧暗當年。涕泪徒霑巾，衷情不可宣。

〇〇得李宏甫先生書　袁石公

似此瑶華色，何殊空谷音。悲哉擊築泪，已矣唾壺心。跡豈《焚書》白，病因《老苦》侵，有文焉用隱，無水若爲沉。

〇送焦弱侯老師使梁，因之楚訪李宏甫先生　袁石公

丹書早發鳳凰樓，楊柳春陰滿陌頭。征馬晚嘶梁苑月，孤帆晴指洞庭秋。蓮開白社來陶令，瓜熟青門謁故侯。自咲兩家爲弟子，空于湖海望仙舟。

〇〇懷龍湖　袁石公

漢陽江雨昔曾過，歲月驚心感逝波。老子本將龍作性，楚人元以鳳爲歌。朱紘獨操誰能識，白頸成羣爾奈何。矯首雲霄時一望，别山長是鬱嵯峨。

〇將發黄時同舟爲王以明先生龔散木家伯脩小脩俱同訪龍湖者　袁石公

江草青青江水流，荆州何日到黄州？鄭莊有客堪馳驛，郭泰如仙好附舟。此去山川俱作態，一時象緯合生愁。龜峰數點蒼煙裏，料得伊人已白頭。

○阻雨　袁石公

雲霄極目古亭州，江上悽其感昔遊。天下文章憐爾老，瀟湘風雨動人愁。雲眠楚國黄泥坂，潮打巴陵青雀舟。敢向乾坤尋勝覽，衹因李耳在西周。

○○龍潭　袁石公

孤舟千里訪瞿曇，蹤跡深潛古石潭。天下豈容知己二，百年真上洞山三。雲埋龜嶺平如障，水落龍宫湛似藍。愛得芝佛好院宇，六時僧衆禮和南。

○○别龍湖師八首　袁石公

十日輕爲别，重來未有期。出門餘淚眼，終不是男兒。

○○其二

惜别在今朝，車馬去遥遥。一行一回首，踟躕過板橋。

○其三

鬱鬱西陵路，迢迢在何許？不及寒潭石，朝夕共君語。

○其四

浪跡滯黄州，壯心成白首。君（逄）〔逢〕袁老尼，肯語《廣陵》否？

○其五

魚書曾有約，千里若爲函。瀟湘無限水，不遣到龍潭。

○其六

兄弟爲知己，同胞若比鄰。出門去亦易，只愁君一身。

○其七

死去君何恨，《藏書》大得名。紛紛薄俗子，相激轉相成。

○其八

君意不在書，著書爲誰子？安得東南風，吹君渡湘水。

○余凡兩度阻雨冲霄觀，倶爲訪龍湖師，戲題于壁上　　袁石公

江樹蕭森江水長，今朝風雨又瀟湘。冲霄道士迎門揖，笑指看花前度郎。

○其二

我從觀裏拜青牛，忽憶龍湖老比丘。李贄便爲今李耳，西陵還似古西周。

○德山遇大智龍湖舊侶也　　袁石公

湖上烟巒一抹青，他時親見望州亭。也知魯國真男子，要識中郎舊典刑。

○其二

好伴青山作主人，門前衲子去如塵。法堂草長深三尺，更與腰鐮走一巡。

○○○讀卓吾南池詩　　袁石公

三春花鳥猶堪賞，千古文章只自知。文章自是堪千古，花鳥三春只幾時。

○紀事十絶壬寅三月十九日　　訒菴方沆

消息遥從天外來，飛雲蕭颯滿燕臺。秖今一枕羲皇夢，化鶴騎鯨莫浪猜。

○其二

素髮毿毿姑射膚，玄言留得五千無。風塵關尹誰相識，紫氣翻占遠化胡。

○其三

得一函三總聖脩，長𦸗尺牘是千秋。縱教天意歸秦焰，不廢山河動地流。

○其四

品藻中原屬勝流，俄傳凶問到南州。不知指摘關何事，華屋圜扉總一丘。

○其五

萬井蕭條杼軸空，尋常啟事日留中。豺狼當道憑誰問，妒殺江湖老禿翁。

○其六

憶昔分携潞水涯，青牛迢忽度流沙。憑君指點歸真處，吳楚燕閩共一家。

○其七

生死交情老益悲，屋梁顏色似當時。葱山定識西歸履，休遣人間側目疑。

○其八

翩然蝶夢賦歸與，世事驚心廣柳車。試看浮雲舒卷意，乾坤何地不蘧廬。

○其九

高談揮麈薊門城，閩海窮交豈世情。憔悴一官慚後死，真遊五嶽有先生。

○其十

宇宙茫茫一幻身，世間誰識去來因。惟應相伴東坡叟，奎宿雙輝帝座臣。

○○吊李卓吾先生二首　周海門

半成伶俐半糊塗，惑亂乾坤膽氣粗。惹得世人争欲殺，眉毛狼藉在囹圄。

○○其二

天下聞名李卓吾，死餘白骨暴皇都。行人莫向街頭認，面目由來此老無。

○○憶卓老　釋達觀

昔年曾哭《焚書》者，今日談經一字空。死去不須論好惡，寂光三昧許相同。

陶歇菴紫柏和尚像曰：問脱空口，東語西話。以慈悲法，盲拳瞎罵。冷面熱腸，蓮花一社。冷債熱還，竹篦日下。鳳去遺音，香飛落灺。真箇達師，僧繇難畫。

○卓吾先師死時，以詩遺予，去今九載，乃得伏墓哭之，即用前韻。庚戌年　　汪本鈳

九載皈依異等夷，詎云《五死》竟稱奇。孤踪虚負登龍後，遺痛真誠絮酒思。骨在還疑留浪迹，書藏不必恨非時。予今亦復年來九，忍向纍纍一酹之。

李温陵外紀卷之五終